Tabla de contenidos

Introducción..3

Capítulo 1 16

Fundamentos del Blockchain 16

Capítulo 2 30

El Impacto del Blockchain en Diversos Sectores.......30

    Capítulo 3 43

    Blockchain en el Sector Salud.................................43

    Capítulo 4 58

    Innovación Educativa con Blockchain 58

    Capítulo 5 69

    Revolución en la Logística y Cadena de Suministro 69

    Capítulo 6 80

    Gobierno y Servicios Públicos en la Era Blockchain 80

    Capítulo 7 94

    Criptomonedas: El Primer Caso de Uso Masivo 94

    Capítulo 8 114

    Casos de Éxito en Latinoamérica.........................114

    Capítulo 9 127

    Implementación de Blockchain en Organizaciones........127

    Capítulo 10 145

    El Futuro del Blockchain y la Innovación Digital..............145

    Conclusión...159

Introducción

En un mundo cada vez más digitalizado, donde la confianza en las instituciones tradicionales se desvanece y la demanda de transparencia y eficiencia aumenta, surge una tecnología revolucionaria que promete transformar la forma en que interactuamos, hacemos negocios y gestionamos nuestros asuntos cotidianos. El blockchain, originalmente concebido como la columna vertebral de las criptomonedas, ha evolucionado para convertirse en una herramienta poderosa con el potencial de revolucionar industrias enteras y redefinir la manera en que concebimos la confianza en la era digital.

"Blockchain Más Allá de las Criptomonedas: Innovación en la Era Digital" es un viaje fascinante a través de las aplicaciones más innovadoras y prometedoras de esta tecnología disruptiva. Este libro se sumerge en las profundidades del blockchain, desentrañando sus complejidades y revelando su verdadero potencial más allá del mundo de las criptomonedas. A lo largo de sus páginas, exploraremos cómo esta tecnología está transformando sectores tan diversos como la salud, la educación, la logística, el gobierno y los servicios públicos, entre otros.

En un momento en que la innovación tecnológica avanza a un ritmo vertiginoso, es crucial comprender las herramientas que están moldeando nuestro futuro. El blockchain, con su capacidad para crear registros inmutables, descentralizados y transparentes, se posiciona como una de las tecnologías más prometedoras de nuestra era. Sin embargo, a pesar de su creciente popularidad, muchos aún asocian el blockchain exclusivamente con las criptomonedas, sin ser conscientes de su vasto potencial en otros campos.

Este libro nace de la necesidad de desmitificar el blockchain y presentarlo como lo que realmente es: una herramienta versátil y poderosa capaz de impulsar la innovación en prácticamente todos los aspectos de nuestra sociedad. A través de un análisis exhaustivo y accesible, exploraremos cómo esta tecnología está redefiniendo conceptos fundamentales como la confianza, la transparencia y la descentralización, y cómo estas transformaciones están impactando en industrias tradicionales y emergentes por igual.

Lo que hace único a este libro es su enfoque holístico y práctico. No nos limitamos a explicar los fundamentos técnicos del blockchain, sino que nos adentramos en sus aplicaciones reales y tangibles. A través de casos de estudio, ejemplos concretos y análisis de proyectos innovadores, proporcionamos una visión clara y completa de cómo el blockchain está siendo implementado en diversos sectores, tanto a nivel global como en el contexto específico de Latinoamérica.

Uno de los temas centrales que exploraremos es el impacto del blockchain en el sector salud. Veremos cómo esta tecnología está revolucionando la gestión de historiales médicos, garantizando la privacidad y seguridad de los datos de los pacientes, al tiempo que facilita el acceso a información crítica para los profesionales de la salud. Analizaremos cómo el blockchain está mejorando la trazabilidad de medicamentos y suministros médicos, lo que no solo optimiza la cadena de suministro, sino que también ayuda a combatir la falsificación de medicamentos, un problema que afecta a millones de personas en todo el mundo.

En el ámbito educativo, descubriremos cómo el blockchain está transformando la forma en que verificamos y compartimos credenciales académicas. Exploraremos el concepto de "identidad digital" de los estudiantes y cómo esta tecnología está creando nuevas oportunidades para el aprendizaje descentralizado y la tokenización de logros educativos. Estas innovaciones no solo están mejorando la eficiencia administrativa de las instituciones educativas, sino que también están abriendo nuevas puertas para el aprendizaje personalizado y el reconocimiento global de habilidades y conocimientos.

La logística y la cadena de suministro son otros sectores que están experimentando una revolución gracias al blockchain. A lo largo del libro, analizaremos cómo esta tecnología está proporcionando una trazabilidad sin precedentes de los productos, desde su origen hasta el consumidor final. Veremos cómo esto no solo mejora la eficiencia y reduce costos, sino que también empodera a los consumidores con información transparente sobre la procedencia y el viaje de los productos que consumen. Estudiaremos casos de éxito en la industria alimentaria y el retail, donde el blockchain está ayudando a combatir el fraude, mejorar la seguridad alimentaria y optimizar la gestión de inventarios.

Un aspecto particularmente fascinante que abordaremos es el papel del blockchain en la transformación de los gobiernos y los servicios públicos. Exploraremos cómo esta tecnología está siendo utilizada para aumentar la transparencia en la gestión pública y combatir la corrupción. Analizaremos proyectos innovadores de identidad digital ciudadana y sistemas de votación electrónica segura, que prometen revolucionar la forma en que interactuamos con nuestros gobiernos y participamos en los procesos democráticos.

Por supuesto, no podemos hablar de blockchain sin abordar las criptomonedas, su primer y más conocido caso de uso. Dedicaremos un capítulo completo a explorar la evolución de las criptomonedas, su funcionamiento y los diferentes tipos que existen. Analizaremos su impacto en el sistema financiero tradicional y los desafíos regulatorios y legales que enfrentan. Sin embargo, el objetivo es ir más allá de la narrativa común y proporcionar una comprensión más profunda de cómo las lecciones aprendidas del mundo de las criptomonedas están informando y moldeando aplicaciones blockchain en otros sectores.

Una de las características más valiosas de este libro es su enfoque en Latinoamérica. Dedicamos un capítulo entero a explorar casos de éxito en la región, analizando cómo diferentes países están adaptando y aplicando la tecnología blockchain a sus contextos locales. Desde proyectos de gobierno electrónico hasta iniciativas privadas en sectores como la agricultura y las finanzas, ofrecemos una visión única de cómo Latinoamérica está posicionándose en la vanguardia de la innovación blockchain.

Para aquellos lectores interesados en implementar soluciones blockchain en sus propias organizaciones, ofrecemos una guía práctica y detallada. Abordamos desde la evaluación inicial de necesidades y oportunidades, hasta la selección de la plataforma adecuada y los pasos para una implementación exitosa. También exploramos los desafíos de gestión del cambio y la importancia de la capacitación del personal, proporcionando herramientas y estrategias para superar los obstáculos comunes en la adopción de esta tecnología.

Finalmente, miramos hacia el futuro, explorando las tendencias emergentes en tecnología blockchain y su integración con otras tecnologías disruptivas como la Inteligencia Artificial, el Internet de las Cosas y el 5G. Analizamos cómo estas convergencias tecnológicas están dando forma a nuevos modelos de negocio y estructuras organizativas, y reflexionamos sobre los desafíos éticos y sociales que plantea la adopción masiva del blockchain.

Este libro está dirigido a una amplia gama de lectores. Desde profesionales de la tecnología y ejecutivos de negocios que buscan entender cómo el blockchain puede beneficiar a sus organizaciones, hasta estudiantes y académicos interesados en las últimas tendencias en innovación digital. También es una lectura valiosa para emprendedores que buscan oportunidades en este campo emergente, así como para funcionarios públicos y responsables de políticas que necesitan comprender el impacto potencial del blockchain en la gobernanza y los servicios públicos.

Para los lectores con conocimientos técnicos limitados, no se preocupen. Hemos hecho un esfuerzo consciente por explicar conceptos complejos de manera clara y accesible, utilizando analogías y ejemplos del mundo real para ilustrar ideas abstractas. Nuestro objetivo es que, al finalizar la lectura, incluso aquellos sin experiencia previa en blockchain tengan una comprensión sólida de sus principios fundamentales y sus aplicaciones prácticas.

A lo largo de estas páginas, los lectores adquirirán un conocimiento profundo y práctico del blockchain que va más allá de los titulares y las generalidades. Obtendrán una comprensión clara de cómo esta tecnología está siendo aplicada en diferentes sectores, los desafíos que enfrenta y las oportunidades que presenta. Más importante aún, desarrollarán la capacidad de pensar críticamente sobre el potencial del blockchain en sus propios campos de interés o industrias.

Para los emprendedores y líderes de negocios, este libro proporcionará ideas valiosas sobre cómo el blockchain puede ser utilizado para crear nuevos modelos de negocio, mejorar la eficiencia operativa y generar valor para los clientes. Los profesionales del sector público encontrarán inspiración en los casos de estudio de gobiernos que están utilizando el blockchain para mejorar la transparencia y la eficiencia en la prestación de servicios.

Los estudiantes y académicos encontrarán en este libro una base sólida para futuras investigaciones y proyectos relacionados con el blockchain. La amplia gama de aplicaciones y casos de uso presentados servirá como punto de partida para explorar aún más las posibilidades de esta tecnología en diversos campos de estudio.

Más allá del conocimiento técnico y práctico, este libro también busca inspirar. A medida que exploramos las diversas aplicaciones del blockchain, esperamos despertar la imaginación de los lectores sobre las posibilidades que esta tecnología ofrece para abordar algunos de los desafíos más apremiantes de nuestra sociedad. Desde la lucha contra la corrupción hasta la mejora de la seguridad alimentaria, desde la protección de la privacidad de los datos hasta la democratización del acceso a servicios financieros, el blockchain tiene el potencial de ser una herramienta poderosa para el cambio social positivo.

Al embarcarnos en este viaje a través del fascinante mundo del blockchain, te invitamos a mantener una mente abierta y crítica. Esta tecnología, como cualquier otra, no es una panacea universal, y a lo largo del libro también discutiremos sus limitaciones y desafíos. Sin embargo, estamos convencidos de que el blockchain tiene el potencial de ser una de las fuerzas más transformadoras de nuestra era digital.

Prepárate para sumergirte en un mundo de posibilidades infinitas, donde la confianza se codifica en algoritmos, la transparencia es la norma y no la excepción, y donde el poder de la tecnología se utiliza para empoderar a individuos y comunidades. Bienvenido a la era del blockchain, donde la innovación no conoce límites y el futuro se está escribiendo en bloques inmutables de información.

A medida que avanzamos en los capítulos siguientes, te invitamos a cuestionar, reflexionar y, sobre todo, a imaginar.

¿Cómo podría el blockchain transformar tu industria o campo de interés? ¿Qué desafíos podría ayudar a resolver en tu comunidad o país? ¿Cuál es tu papel en este nuevo paradigma tecnológico?

El viaje que estamos a punto de emprender no es solo un recorrido por una tecnología fascinante, sino una exploración de cómo estamos redefiniendo conceptos fundamentales como la confianza, la transparencia y la colaboración en la era digital. Es un viaje que nos llevará desde los fundamentos técnicos del blockchain hasta sus aplicaciones más innovadoras y disruptivas, desde casos de estudio globales hasta proyectos pioneros en Latinoamérica.

A lo largo de estas páginas, descubriremos cómo el blockchain está siendo utilizado para crear sistemas de salud más eficientes y centrados en el paciente, cómo está revolucionando la forma en que verificamos y compartimos credenciales educativas, cómo está transformando las cadenas de suministro globales y cómo está siendo empleado para crear gobiernos más transparentes y responsables.

Exploraremos cómo esta tecnología está dando poder a las comunidades marginadas, proporcionando identidades digitales a los no bancarizados y creando nuevas formas de propiedad y gestión de activos. Analizaremos su potencial para combatir el cambio climático, proteger los derechos de propiedad intelectual y revolucionar la forma en que interactuamos con el arte y la cultura digital.

Pero más allá de los casos de uso específicos, este libro te invita a pensar en grande. A medida que profundizamos en las posibilidades del blockchain, te animamos a considerar cómo esta tecnología podría ser utilizada para abordar algunos de los desafíos más apremiantes de nuestro tiempo. ¿Cómo podría el blockchain ayudar a crear un sistema alimentario más sostenible y equitativo? ¿Podría ser la clave para un sistema de votación verdaderamente seguro y transparente? ¿Cómo podría transformar la forma en que gestionamos y distribuimos la energía en un mundo que lucha contra el cambio climático?

A medida que avanzamos, también abordaremos los desafíos y las preocupaciones éticas que surgen con la adopción generalizada del blockchain. Discutiremos cuestiones de privacidad, seguridad y escalabilidad, y exploraremos cómo diferentes comunidades y gobiernos están abordando estos desafíos.

Este libro no es solo una guía técnica o un compendio de casos de uso. Es una invitación a ser parte de una revolución tecnológica que está redefiniendo la forma en que interactuamos, hacemos negocios y gobernamos nuestras sociedades. Es una llamada a la acción para innovadores, emprendedores, líderes empresariales y responsables políticos para que exploren y aprovechen el potencial transformador del blockchain.

Al final de este viaje, esperamos que no solo hayas adquirido un conocimiento profundo del blockchain y sus aplicaciones, sino que también te sientas inspirado y empoderado para ser parte de esta revolución tecnológica. Ya sea que estés buscando implementar soluciones blockchain en tu organización, explorar oportunidades de emprendimiento en este campo, o simplemente comprender mejor cómo esta tecnología está moldeando nuestro mundo, este libro te proporcionará las herramientas y la inspiración que necesitas.

Prepárate para un viaje fascinante a través del mundo del blockchain. Un mundo donde la innovación no conoce límites, donde la confianza se construye con código y donde el futuro se está escribiendo, bloque a bloque. Bienvenido a la era del blockchain, donde la única constante es el cambio y donde las posibilidades son verdaderamente infinitas.

Capítulo 1

Fundamentos del Blockchain

Definición y funcionamiento básico del blockchain

El blockchain, o cadena de bloques en español, es una tecnología revolucionaria que ha captado la atención del mundo tecnológico y financiero en la última década. En su esencia más básica, el blockchain es un libro de contabilidad digital distribuido y descentralizado que registra transacciones en una red de ordenadores. Cada transacción se agrupa en un "bloque" que se enlaza criptográficamente con el bloque anterior, formando así una cadena inmutable de información.

Para comprender mejor el funcionamiento del blockchain, imaginemos un libro contable tradicional, pero en lugar de estar en un solo lugar, múltiples copias idénticas de este libro se distribuyen entre todos los participantes de una red. Cada vez que se realiza una nueva transacción, esta se verifica por consenso entre los participantes y se añade al libro de todos simultáneamente. Esta estructura descentralizada elimina la necesidad de una autoridad central que valide las transacciones, lo que a su vez aumenta la seguridad y la transparencia del sistema.

El proceso de añadir una nueva transacción al blockchain comienza cuando un participante inicia una transacción. Esta transacción se transmite a todos los nodos de la red, que son los ordenadores que participan en el mantenimiento del blockchain. Los nodos verifican la validez de la transacción utilizando algoritmos criptográficos predefinidos. Una vez que la transacción se considera válida, se agrupa con otras transacciones recientes para formar un nuevo bloque.

Este nuevo bloque debe ser "minado" o validado por los nodos de la red. El proceso de minería implica la resolución de complejos problemas matemáticos, lo que requiere una considerable potencia de cálculo. El primer nodo que resuelve el problema tiene el derecho de añadir el nuevo bloque a la cadena y recibe una recompensa por su trabajo, generalmente en forma de criptomonedas.

Una vez que el bloque se añade a la cadena, se distribuye a todos los nodos de la red, que actualizan sus copias del blockchain. Este proceso garantiza que todas las copias del blockchain sean idénticas y que ninguna transacción pueda ser alterada o eliminada sin el consenso de la mayoría de la red.

La seguridad del blockchain se basa en la criptografía y en la naturaleza distribuida del sistema. Cada bloque contiene un "hash" o huella digital del bloque anterior, lo que crea una cadena inviolable. Si alguien intentara modificar una transacción en un bloque, el hash de ese bloque cambiaría, lo que a su vez alteraría todos los bloques subsiguientes. Esta alteración sería inmediatamente detectada y rechazada por el resto de la red.

Historia y evolución de la tecnología

La historia del blockchain es fascinante y está intrínsecamente ligada a la evolución de las criptomonedas, aunque sus raíces conceptuales se remontan a mucho antes. El concepto de un libro de contabilidad distribuido y criptográficamente seguro fue propuesto por primera vez en 1991 por Stuart Haber y W. Scott Stornetta. Su trabajo sentó las bases para lo que más tarde se convertiría en la tecnología blockchain.

Sin embargo, el verdadero punto de inflexión llegó en 2008, cuando una persona o grupo de personas bajo el seudónimo de Satoshi Nakamoto publicó el famoso whitepaper "Bitcoin: Un Sistema de Efectivo Electrónico Peer-to-Peer". Este documento describía una nueva forma de dinero digital que no requería la intermediación de instituciones financieras centralizadas. El blockchain fue la tecnología subyacente que hizo posible Bitcoin, la primera criptomoneda del mundo.

El lanzamiento de Bitcoin en 2009 marcó el nacimiento del blockchain como lo conocemos hoy. En sus primeros años, el blockchain se asociaba casi exclusivamente con Bitcoin y otras criptomonedas emergentes. Sin embargo, a medida que la tecnología maduró, los desarrolladores y empresarios comenzaron a reconocer su potencial más allá de las aplicaciones financieras.

En 2013, Vitalik Buterin propuso Ethereum, una plataforma blockchain que introdujo el concepto de "contratos inteligentes". Estos son programas autoejecutableS que se ejecutan en el blockchain cuando se cumplen ciertas condiciones predefinidas. Ethereum amplió enormemente las posibilidades del blockchain, permitiendo la creación de aplicaciones descentralizadas (dApps) y tokens personalizados.

A partir de 2015, el interés en el blockchain se extendió más allá del ámbito de las criptomonedas. Grandes empresas y gobiernos comenzaron a explorar cómo podrían utilizar la tecnología para mejorar sus operaciones. Surgieron consorcios como Hyperledger, respaldado por la Linux Foundation, para desarrollar soluciones blockchain para empresas.

En los años siguientes, hemos visto una explosión de innovación en el espacio blockchain. Se han desarrollado nuevos protocolos de consenso para abordar problemas de escalabilidad y eficiencia energética. Las cadenas laterales y las soluciones de capa 2 han surgido para aumentar la capacidad de transacción de las redes blockchain. También hemos visto la aparición de conceptos como las Finanzas Descentralizadas (DeFi) y los Tokens No Fungibles (NFTs), que han abierto nuevas posibilidades en finanzas y propiedad digital.

Diferencias entre blockchain público y privado

A medida que la tecnología blockchain ha evolucionado, han surgido diferentes tipos de implementaciones para satisfacer diversas necesidades. Una de las distinciones más importantes es entre blockchains públicos y privados, cada uno con sus propias características y casos de uso.

Los blockchains públicos, como Bitcoin y Ethereum, son completamente abiertos y descentralizados. Cualquier persona puede unirse a la red, participar en el proceso de consenso y acceder al historial completo de transacciones. Estas redes se mantienen a través de un mecanismo de incentivos, generalmente en forma de criptomonedas, que recompensa a los participantes por mantener y asegurar la red.

Las principales ventajas de los blockchains públicos son su alto nivel de descentralización y resistencia a la censura. Al no tener un punto central de control, son extremadamente difíciles de manipular o cerrar. Además, la transparencia inherente a estos sistemas puede fomentar la confianza entre los usuarios.

Sin embargo, los blockchains públicos también tienen algunas limitaciones. Debido a su naturaleza abierta, pueden tener problemas de escalabilidad y velocidad de transacción. Además, la falta de privacidad en las transacciones puede ser un problema para ciertas aplicaciones empresariales o gubernamentales.

Por otro lado, los blockchains privados, también conocidos como blockchains de permiso, son redes cerradas donde el acceso está restringido a participantes autorizados. Estas redes son típicamente controladas por una organización o un consorcio de organizaciones que determinan quién puede unirse a la red y participar en el proceso de consenso.

Los blockchains privados ofrecen varias ventajas para las aplicaciones empresariales. Pueden proporcionar mayor privacidad y control sobre los datos, ya que el acceso está restringido. También pueden ofrecer mayor velocidad y eficiencia en las transacciones, ya que el consenso se alcanza entre un número menor de nodos confiables.

Sin embargo, los blockchains privados sacrifican cierto grado de descentralización y resistencia a la censura en comparación con sus contrapartes públicas. También pueden requerir una mayor inversión inicial en infraestructura y mantenimiento.

Es importante señalar que la elección entre un blockchain público o privado depende en gran medida del caso de uso específico. Por ejemplo, una criptomoneda global probablemente se beneficiará más de un blockchain público, mientras que un sistema de gestión de la cadena de suministro para una empresa multinacional podría funcionar mejor en un blockchain privado.

También existen soluciones híbridas, conocidas como blockchains de consorcio, que combinan elementos de blockchains públicos y privados. Estas redes son parcialmente descentralizadas, con un grupo selecto de nodos que controlan el proceso de consenso, pero pueden ofrecer cierto nivel de acceso público a los datos de la cadena.

Conceptos clave: descentralización, inmutabilidad y consenso

Para comprender verdaderamente el potencial revolucionario del blockchain, es crucial profundizar en tres conceptos fundamentales que definen su funcionamiento y sus ventajas: descentralización, inmutabilidad y consenso.

La descentralización es quizás el aspecto más distintivo del blockchain. En un sistema centralizado tradicional, como un banco o un gobierno, existe una autoridad central que controla toda la información y toma todas las decisiones. En contraste, un sistema blockchain distribuye el control entre todos los participantes de la red. No hay un único punto de falla o control, lo que hace que el sistema sea más resistente a ataques y manipulaciones.

La descentralización tiene implicaciones profundas. Elimina la necesidad de intermediarios en muchos tipos de transacciones, reduciendo costos y aumentando la eficiencia. También democratiza el acceso a servicios financieros y otros recursos, ya que cualquier persona con conexión a Internet puede participar en una red blockchain. Como dijo Vitalik Buterin, el cofundador de Ethereum, "La descentralización no es un fin en sí mismo; es un medio para lograr otros objetivos, como resistencia, apertura y confiabilidad".

La inmutabilidad es otra característica clave del blockchain. Una vez que una transacción se registra en la cadena de bloques y se confirma, es prácticamente imposible alterarla o eliminarla. Esto se debe a la estructura criptográfica del blockchain, donde cada bloque contiene una referencia al bloque anterior. Cualquier intento de modificar un bloque alteraría todos los bloques subsiguientes, lo que sería inmediatamente detectado por la red.

La inmutabilidad proporciona un nivel sin precedentes de confianza y transparencia en las transacciones digitales. Como dijo Don Tapscott, autor de "Blockchain Revolution": "El blockchain es un libro de contabilidad incorruptible de transacciones económicas que puede programarse para registrar no solo transacciones financieras, sino virtualmente todo lo que tiene valor".

El consenso es el mecanismo por el cual todos los participantes en una red blockchain acuerdan el estado actual de la cadena de bloques. Es crucial para mantener la integridad y la consistencia de la red en ausencia de una autoridad central. Existen varios mecanismos de consenso, siendo los más conocidos la Prueba de Trabajo (PoW) utilizada por Bitcoin y la Prueba de Participación (PoS) adoptada recientemente por Ethereum.

El consenso asegura que todas las transacciones sean válidas y que todos los participantes tengan una visión coherente del estado de la red. Como señaló Andreas Antonopoulos, un reconocido experto en Bitcoin: "El consenso no es solo un mecanismo técnico, es un mecanismo social que permite a personas que no se conocen y no confían entre sí llegar a un acuerdo sobre la verdad".

Estos tres conceptos -descentralización, inmutabilidad y consenso- trabajan juntos para crear un sistema que es resistente, transparente y confiable. La descentralización distribuye el control, la inmutabilidad asegura la integridad de los datos, y el consenso mantiene la coherencia de la red.

Es importante entender que estos conceptos no son absolutos, sino que existen en un espectro. Diferentes implementaciones de blockchain pueden tener diferentes grados de descentralización, inmutabilidad y mecanismos de consenso, dependiendo de sus objetivos específicos y casos de uso.

Por ejemplo, un blockchain público como Bitcoin prioriza la máxima descentralización y resistencia a la censura, mientras que un blockchain privado empresarial puede sacrificar algo de descentralización en favor de una mayor eficiencia y control. Del mismo modo, algunos blockchains pueden implementar mecanismos que permiten cierta flexibilidad en la inmutabilidad para casos específicos, como la corrección de errores o el cumplimiento de regulaciones.

A medida que la tecnología blockchain continúa evolucionando, es probable que veamos nuevas innovaciones en estos conceptos fundamentales. Por ejemplo, se están explorando nuevos mecanismos de consenso que podrían ofrecer mayor escalabilidad sin comprometer la seguridad. También se están desarrollando soluciones para mejorar la privacidad en blockchains públicos, lo que podría ampliar sus casos de uso.

En conclusión, la comprensión de estos conceptos clave - descentralización, inmutabilidad y consenso- es fundamental para apreciar el potencial transformador del blockchain. Estas características no solo definen cómo funciona la tecnología, sino que también son la base de sus ventajas únicas y sus posibles aplicaciones en diversos sectores.

A medida que avanzamos en nuestra exploración del blockchain más allá de las criptomonedas, veremos cómo estos conceptos fundamentales se aplican en diversos campos, desde la salud hasta la educación, desde la logística hasta el gobierno. Cada implementación de blockchain tendrá que equilibrar estos aspectos de manera única para satisfacer las necesidades específicas de su aplicación.

El blockchain es más que una mera tecnología; representa un cambio de paradigma en la forma en que gestionamos y compartimos información en la era digital. Como dijo el autor Don Tapscott: "El blockchain es la segunda era de Internet. Representa un nuevo paradigma para la creación de valor y la prosperidad económica". En los próximos capítulos, exploraremos en detalle cómo este nuevo paradigma está transformando diversos sectores y qué podemos esperar del futuro de esta tecnología revolucionaria.

Capítulo 2

El Impacto del Blockchain en Diversos Sectores

Panorama general de las aplicaciones del blockchain

El blockchain, una tecnología que inicialmente se asociaba exclusivamente con las criptomonedas, ha demostrado ser una herramienta versátil con aplicaciones en una amplia gama de sectores. Esta tecnología de registro distribuido está redefiniendo la forma en que las organizaciones y los individuos interactúan, comparten información y realizan transacciones. El impacto del blockchain se extiende mucho más allá del ámbito financiero, abarcando industrias tan diversas como la salud, la educación, la logística, el gobierno y muchas más.

En el sector financiero, el blockchain ha permitido la creación de sistemas de pago más rápidos y eficientes, reduciendo los costos de transacción y eliminando intermediarios. Los bancos y las instituciones financieras están explorando activamente el uso de esta tecnología para mejorar sus procesos internos y ofrecer nuevos servicios a sus clientes. Por ejemplo, el banco Santander lanzó One Pay FX, un servicio de transferencias internacionales basado en blockchain que permite a los clientes realizar transferencias de dinero en tiempo real y a un costo significativamente menor que los métodos tradicionales.

En el ámbito de la salud, el blockchain está siendo utilizado para mejorar la gestión de registros médicos, garantizando la privacidad y la seguridad de los datos de los pacientes. La trazabilidad de medicamentos es otra área donde esta tecnología está demostrando su valor, ayudando a combatir la falsificación de fármacos y mejorando la cadena de suministro en la industria farmacéutica. Un ejemplo notable es el proyecto MediLedger, una iniciativa colaborativa de empresas farmacéuticas que utiliza blockchain para rastrear y verificar la autenticidad de los medicamentos.

El sector de la logística y la cadena de suministro ha encontrado en el blockchain una herramienta poderosa para mejorar la transparencia y la eficiencia. Empresas como Maersk y IBM han colaborado en el desarrollo de TradeLens, una plataforma basada en blockchain que digitaliza y agiliza los procesos de la cadena de suministro global. Esta aplicación permite a los participantes compartir información en tiempo real, reducir el papeleo y optimizar el flujo de mercancías a nivel internacional.

En el ámbito gubernamental, el blockchain está siendo explorado como una forma de mejorar la transparencia, reducir la corrupción y agilizar los servicios públicos. Países como Estonia han sido pioneros en la implementación de soluciones basadas en blockchain para servicios gubernamentales, incluyendo la identidad digital y el voto electrónico. Estas aplicaciones no solo mejoran la eficiencia de los servicios públicos, sino que también fortalecen la confianza de los ciudadanos en sus instituciones.

Potencial transformador en industrias tradicionales

El potencial transformador del blockchain en industrias tradicionales es verdaderamente revolucionario. Esta tecnología está desafiando modelos de negocio establecidos y creando nuevas oportunidades en sectores que han permanecido relativamente estáticos durante décadas.

En la industria de los seguros, por ejemplo, el blockchain está permitiendo la creación de contratos inteligentes que automatizan el proceso de reclamaciones, reduciendo el fraude y acelerando los pagos. Empresas como Etherisc están desarrollando productos de seguros descentralizados que utilizan oráculos y contratos inteligentes para ofrecer coberturas más eficientes y transparentes. Esto no solo mejora la experiencia del cliente, sino que también reduce significativamente los costos operativos para las aseguradoras.

El sector inmobiliario también está experimentando una transformación gracias al blockchain. La tecnología está siendo utilizada para tokenizar activos inmobiliarios, permitiendo la fracción de la propiedad y facilitando las transacciones internacionales. Plataformas como RealT están permitiendo a los inversores comprar participaciones en propiedades inmobiliarias a través de tokens blockchain, democratizando el acceso a este mercado tradicionalmente exclusivo.

En la industria de la energía, el blockchain está facilitando la creación de redes de energía descentralizadas, donde los consumidores pueden convertirse en productores y vender el exceso de energía directamente a sus vecinos. Proyectos como Brooklyn Microgrid están demostrando cómo esta tecnología puede transformar la forma en que generamos, distribuimos y consumimos energía, promoviendo la adopción de fuentes renovables y mejorando la eficiencia del sistema eléctrico.

El sector agrícola, una de las industrias más antiguas del mundo, también está siendo revolucionado por el blockchain. La tecnología está siendo utilizada para mejorar la trazabilidad de los alimentos, desde la granja hasta la mesa del consumidor. Esto no solo mejora la seguridad alimentaria, sino que también permite a los consumidores tomar decisiones más informadas sobre los productos que compran. Empresas como Walmart están implementando soluciones blockchain para rastrear el origen de los productos frescos, mejorando la transparencia y la confianza en la cadena de suministro alimentaria.

En el mundo del arte y los coleccionables, el blockchain ha dado lugar a los tokens no fungibles (NFTs), que están transformando la forma en que se crea, distribuye y valora el arte digital. Esto ha abierto nuevas oportunidades para los artistas y ha creado un mercado completamente nuevo para los coleccionables digitales.

Desafíos y oportunidades en la adopción del blockchain

A pesar del enorme potencial del blockchain, su adopción generalizada enfrenta varios desafíos significativos. Uno de los principales obstáculos es la escalabilidad. Las redes blockchain actuales, especialmente las públicas como Bitcoin y Ethereum, tienen limitaciones en cuanto al número de transacciones que pueden procesar por segundo. Este problema de escalabilidad puede dificultar la adopción en industrias que requieren un alto volumen de transacciones en tiempo real.

La interoperabilidad entre diferentes redes blockchain también representa un desafío importante. A medida que se desarrollan más soluciones blockchain específicas para cada industria, la capacidad de estas redes para comunicarse y compartir datos entre sí se vuelve crucial. Proyectos como Polkadot y Cosmos están trabajando en soluciones para este problema, pero aún queda mucho camino por recorrer.

El consumo de energía es otro punto de preocupación, especialmente en las redes blockchain que utilizan el mecanismo de consenso de prueba de trabajo (PoW). Aunque se están desarrollando alternativas más eficientes energéticamente, como la prueba de participación (PoS), el impacto ambiental sigue siendo un tema de debate en la adopción del blockchain.

La regulación y el marco legal son aspectos que también plantean desafíos. La naturaleza descentralizada y transfronteriza del blockchain a menudo entra en conflicto con las estructuras regulatorias existentes. Los gobiernos y los organismos reguladores están luchando por mantenerse al día con el rápido desarrollo de esta tecnología, lo que puede crear incertidumbre para las empresas que desean implementar soluciones blockchain.

Sin embargo, estos desafíos también presentan oportunidades significativas. La necesidad de soluciones de escalabilidad está impulsando la innovación en protocolos de capa 2 y nuevas arquitecturas blockchain. La demanda de interoperabilidad está fomentando la colaboración entre proyectos y la creación de estándares comunes. Las preocupaciones sobre el consumo de energía están acelerando el desarrollo de mecanismos de consenso más eficientes y sostenibles.

Además, la creciente atención regulatoria está llevando a un diálogo más constructivo entre la industria blockchain y los reguladores, lo que eventualmente podría resultar en un marco legal más claro y favorable para la adopción de esta tecnología.

Casos de uso innovadores a nivel global

A medida que el blockchain continúa madurando, estamos viendo surgir casos de uso cada vez más innovadores y transformadores en todo el mundo. Estos ejemplos demuestran el potencial de la tecnología para abordar problemas complejos y crear valor en una amplia gama de industrias y contextos.

En el sector humanitario, el Programa Mundial de Alimentos de las Naciones Unidas ha implementado un sistema basado en blockchain llamado Building Blocks para distribuir ayuda alimentaria a refugiados en Jordania. Este sistema utiliza la tecnología blockchain para crear identidades digitales seguras para los refugiados y registrar las transacciones de ayuda, mejorando la eficiencia y reduciendo el fraude. Según el PMA, este sistema ha ayudado a reducir los costos de transacción en un 98%, demostrando el potencial del blockchain para mejorar la eficacia de la ayuda humanitaria.

En el ámbito de la propiedad intelectual, la startup española Vottun ha desarrollado una solución blockchain para proteger los derechos de autor de los creadores de contenido digital. Su plataforma permite a los creadores registrar sus obras en la blockchain, creando una prueba inmutable de autoría y facilitando la gestión de licencias y regalías. Este caso de uso demuestra cómo el blockchain puede empoderar a los creadores y transformar la industria del entretenimiento y los medios.

En el sector de la sostenibilidad y el medio ambiente, la empresa Veridium Labs está utilizando blockchain para tokenizar créditos de carbono. Su plataforma permite a las empresas compensar su huella de carbono de manera más eficiente y transparente, facilitando el comercio de créditos de carbono y promoviendo prácticas empresariales más sostenibles. Este innovador enfoque podría tener un impacto significativo en la lucha contra el cambio climático.

En el ámbito de la educación superior, el Instituto Tecnológico de Massachusetts (MIT) ha implementado un sistema blockchain para emitir diplomas digitales. Este sistema, llamado Blockcerts, permite a los graduados tener control total sobre sus credenciales académicas y compartirlas fácilmente con empleadores o instituciones educativas. Esta aplicación del blockchain no solo mejora la seguridad y la verificabilidad de los títulos académicos, sino que también empodera a los estudiantes al darles el control de sus propios datos educativos.

En la industria del turismo, la empresa TUI Group está utilizando blockchain para mejorar la gestión de inventario y la distribución de habitaciones de hotel. Su sistema, llamado BedSwap, utiliza contratos inteligentes para automatizar la asignación de habitaciones y optimizar la ocupación, lo que resulta en una mayor eficiencia y rentabilidad para los hoteles. Este caso demuestra cómo el blockchain puede transformar incluso industrias tradicionales como la hotelería.

En el sector de la identidad digital, el gobierno de Estonia ha sido pionero en la implementación de soluciones blockchain. Su programa e-Residency utiliza blockchain para proporcionar identidades digitales seguras a ciudadanos y no ciudadanos por igual, permitiéndoles acceder a servicios gubernamentales en línea y establecer negocios en Estonia desde cualquier parte del mundo. Este innovador enfoque ha posicionado a Estonia como líder en gobierno digital y ha atraído a emprendedores digitales de todo el mundo.

Estos casos de uso demuestran la versatilidad y el potencial transformador del blockchain en una amplia gama de sectores. Desde mejorar la eficiencia en la ayuda humanitaria hasta revolucionar la gestión de la propiedad intelectual, desde promover la sostenibilidad hasta transformar la educación superior, el blockchain está demostrando su capacidad para crear valor y resolver problemas complejos en todo el mundo.

A medida que continuamos explorando y experimentando con esta tecnología, es probable que veamos surgir aún más casos de uso innovadores. El desafío ahora es superar los obstáculos técnicos, regulatorios y de adopción para llevar estas soluciones a una escala mayor y realizar plenamente el potencial transformador del blockchain.

En conclusión, el impacto del blockchain en diversos sectores es profundo y de largo alcance. Desde la transformación de industrias tradicionales hasta la creación de nuevos modelos de negocio, el blockchain está redefiniendo la forma en que interactuamos, transaccionamos y compartimos información. A medida que avanzamos hacia una economía cada vez más digital, es probable que el papel del blockchain se vuelva aún más crucial.

Sin embargo, es importante recordar que el blockchain no es una panacea para todos los problemas. Su implementación exitosa requiere una cuidadosa consideración de los desafíos técnicos, regulatorios y operativos. Además, es fundamental que las organizaciones evalúen cuidadosamente si el blockchain es la solución más adecuada para sus necesidades específicas.

A medida que nos adentramos en los próximos capítulos, exploraremos en detalle cómo el blockchain está transformando sectores específicos, comenzando con su impacto en el sector de la salud. Veremos cómo esta tecnología está mejorando la gestión de historiales médicos, la trazabilidad de medicamentos y la protección de datos sensibles de pacientes, entre otras aplicaciones innovadoras.

Capítulo 3

Blockchain en el Sector Salud

La adopción de la tecnología blockchain en el sector de la salud está revolucionando la forma en que se gestionan, almacenan y comparten los datos médicos. Este capítulo explora cómo esta innovadora tecnología está transformando diversos aspectos de la atención médica, desde la gestión de historiales clínicos hasta la trazabilidad de medicamentos, mejorando la interoperabilidad entre sistemas y reforzando la protección de datos sensibles de los pacientes.

Gestión segura de historiales médicos

La gestión de historiales médicos ha sido durante mucho tiempo un desafío para el sector salud. Los sistemas tradicionales a menudo son ineficientes, propensos a errores y vulnerables a violaciones de seguridad. El blockchain ofrece una solución revolucionaria a estos problemas, proporcionando un método seguro, transparente y descentralizado para almacenar y acceder a los registros médicos.

En un sistema basado en blockchain, cada paciente puede tener un registro médico completo y actualizado que se mantiene de forma segura en la cadena de bloques. Cada vez que se agrega nueva información, como resultados de pruebas, diagnósticos o tratamientos, se crea un nuevo "bloque" que se añade a la cadena existente. Este proceso crea un historial médico inmutable y a prueba de manipulaciones.

Una de las ventajas más significativas de este enfoque es el control que otorga a los pacientes sobre sus propios datos. En lugar de que los registros médicos estén dispersos entre varios proveedores de atención médica, los pacientes pueden tener acceso completo a su historial médico y decidir quién puede ver qué partes de su información. Esto no solo empodera a los pacientes, sino que también facilita la continuidad de la atención cuando los pacientes cambian de proveedores o buscan segundas opiniones.

Además, el uso de contratos inteligentes en la blockchain puede automatizar y agilizar muchos procesos relacionados con los historiales médicos. Por ejemplo, se pueden programar permisos de acceso para que ciertos profesionales de la salud puedan ver partes específicas del historial de un paciente durante un período de tiempo determinado, revocándose automáticamente estos permisos una vez finalizado el tratamiento.

La implementación de blockchain para la gestión de historiales médicos también tiene el potencial de reducir significativamente los errores médicos. Según un estudio publicado en el Journal of Patient Safety, los errores médicos son la tercera causa principal de muerte en los Estados Unidos, causando más de 250,000 muertes al año. Muchos de estos errores se deben a información incompleta o incorrecta en los historiales médicos. Con un sistema blockchain, los médicos tendrían acceso a historiales médicos completos y precisos, lo que podría reducir drásticamente estos errores fatales.

Sin embargo, la adopción de blockchain para la gestión de historiales médicos no está exenta de desafíos. La implementación de estos sistemas requiere una inversión significativa en infraestructura y capacitación. Además, existen preocupaciones sobre la escalabilidad de la blockchain para manejar la gran cantidad de datos generados en el sector salud. No obstante, a medida que la tecnología madura y se desarrollan soluciones a estos desafíos, es probable que veamos una adopción cada vez mayor de blockchain en la gestión de historiales médicos.

Trazabilidad de medicamentos y suministros médicos

La trazabilidad de medicamentos y suministros médicos es otro campo donde el blockchain está demostrando su valor en el sector salud. La cadena de suministro farmacéutica es notoriamente compleja, con múltiples intermediarios entre los fabricantes y los pacientes. Esta complejidad crea oportunidades para la falsificación de medicamentos, un problema global que, según la Organización Mundial de la Salud, causa más de 1 millón de muertes al año.

El blockchain ofrece una solución potente a este problema al proporcionar una cadena de custodia transparente e inmutable para cada medicamento. Cada paso en el viaje de un medicamento, desde su fabricación hasta su dispensación al paciente, puede ser registrado en la blockchain. Esto crea un registro inalterable que puede ser verificado por cualquier parte interesada en cualquier momento.

Imaginemos el viaje de un medicamento desde su fabricación hasta llegar al paciente. En el momento de la producción, se crea un identificador único para cada lote de medicamentos y se registra en la blockchain junto con información como la fecha de fabricación, los ingredientes utilizados y los resultados de las pruebas de calidad. A medida que el medicamento pasa por diferentes etapas de la cadena de suministro (embalaje, distribución, almacenamiento), cada movimiento y cada cambio de custodia se registra en la blockchain.

Cuando el medicamento llega a la farmacia, el farmacéutico puede escanear el código del producto y verificar instantáneamente su autenticidad y su historial completo. Esto no solo ayuda a prevenir la distribución de medicamentos falsificados, sino que también permite una retirada rápida y precisa de productos en caso de que se descubra algún problema con un lote específico.

La trazabilidad mejorada que ofrece el blockchain también puede ayudar a optimizar la gestión de inventarios y reducir el desperdicio. Los hospitales y las farmacias pueden tener una visión en tiempo real de sus existencias y de la cadena de suministro, lo que les permite planificar mejor sus pedidos y evitar situaciones de escasez o exceso de stock.

Además, en situaciones de emergencia, como pandemias o desastres naturales, la trazabilidad basada en blockchain puede ser crucial para garantizar una distribución eficiente y equitativa de medicamentos y suministros médicos críticos. Las autoridades sanitarias pueden tener una visión clara de dónde se encuentran los suministros y dirigirlos rápidamente a donde más se necesitan.

Un ejemplo concreto de la aplicación de blockchain en la trazabilidad de medicamentos es el proyecto MediLedger, una iniciativa de la industria farmacéutica que utiliza blockchain para crear un sistema de verificación de medicamentos recetados en Estados Unidos. Este sistema permite a las farmacias y a los mayoristas verificar la autenticidad de los medicamentos en tiempo real, cumpliendo con los requisitos de la Ley de Seguridad de la Cadena de Suministro de Medicamentos (DSCSA) de EE.UU.

Mejora en la interoperabilidad entre sistemas de salud

La interoperabilidad, o la capacidad de diferentes sistemas de información de salud para trabajar juntos de manera eficaz, ha sido durante mucho tiempo un desafío en el sector salud. La falta de interoperabilidad puede llevar a una atención fragmentada, errores médicos y costos innecesarios. El blockchain tiene el potencial de resolver muchos de estos problemas al proporcionar una plataforma común y estandarizada para el intercambio de información de salud.

En un sistema de salud basado en blockchain, cada proveedor de atención médica puede mantener su propio nodo en la red, pero todos comparten un libro mayor distribuido que contiene los registros de los pacientes. Esto elimina la necesidad de sistemas de intercambio de información de salud centralizados y permite un acceso más rápido y eficiente a los datos de los pacientes.

Por ejemplo, si un paciente es tratado en un hospital y luego necesita atención de seguimiento en una clínica diferente, el médico de la clínica puede acceder instantáneamente al historial completo del paciente a través de la blockchain, siempre que tenga los permisos necesarios. Esto asegura una continuidad de la atención sin problemas y reduce la probabilidad de errores médicos debido a información incompleta.

La interoperabilidad mejorada también puede facilitar la investigación médica y el análisis de big data en salud. Con el consentimiento adecuado de los pacientes, los investigadores podrían acceder a conjuntos de datos grandes y diversos para estudiar tendencias de enfermedades, efectividad de tratamientos y resultados de salud pública. Esto podría acelerar significativamente el ritmo de la innovación médica y mejorar los resultados de salud a nivel poblacional.

Además, la blockchain puede facilitar la colaboración entre diferentes actores del sistema de salud, como hospitales, aseguradoras y organismos reguladores. Por ejemplo, los procesos de facturación y reembolso podrían automatizarse mediante contratos inteligentes, reduciendo los errores y acelerando los pagos.

Sin embargo, es importante señalar que la implementación de sistemas interoperables basados en blockchain enfrenta varios desafíos. Uno de los principales es la necesidad de estándares comunes para el intercambio de datos de salud. Aunque existen estándares como HL7 FHIR (Fast Healthcare Interoperability Resources), su adopción universal aún está en proceso.

Otro desafío es la resistencia al cambio dentro del sector salud. Muchas organizaciones han invertido fuertemente en sus sistemas existentes y pueden ser reacias a adoptar una nueva tecnología. Además, existen preocupaciones sobre la privacidad y la seguridad de los datos, especialmente dado el carácter sensible de la información de salud.

A pesar de estos desafíos, varias iniciativas están explorando el uso de blockchain para mejorar la interoperabilidad en salud. Por ejemplo, el proyecto Estonian eHealth Foundation está utilizando tecnología blockchain para asegurar los registros de salud de más de 1 millón de pacientes, permitiendo un intercambio seguro de datos entre diferentes proveedores de atención médica.

Protección de datos sensibles de pacientes

La protección de los datos sensibles de los pacientes es una preocupación primordial en el sector salud. Las violaciones de datos médicos no solo pueden tener consecuencias graves para la privacidad de los pacientes, sino que también pueden resultar en multas sustanciales para las organizaciones de atención médica. El blockchain ofrece una nueva y poderosa herramienta para abordar estos desafíos de seguridad y privacidad.

Una de las principales ventajas del blockchain en la protección de datos de pacientes es su naturaleza descentralizada. En lugar de almacenar todos los datos en un servidor central vulnerable a ataques, la información se distribuye a través de una red de nodos. Esto hace que sea extremadamente difícil para los hackers comprometer el sistema, ya que tendrían que atacar simultáneamente una mayoría de los nodos de la red.

Además, el blockchain utiliza criptografía avanzada para asegurar los datos. Cada transacción o entrada de datos se encripta y se vincula a las entradas anteriores, creando una cadena de información prácticamente imposible de alterar sin ser detectado. Esto proporciona un nivel de integridad de datos que es crucial en el contexto de la información médica.

Otra característica importante del blockchain es su capacidad para implementar un control de acceso granular. Los pacientes pueden tener control total sobre quién puede acceder a sus datos y qué partes específicas de su información médica pueden ver. Por ejemplo, un paciente podría dar a su médico de cabecera acceso completo a su historial médico, pero limitar el acceso de un especialista solo a la información relevante para su área de expertise.

El blockchain también permite la implementación de auditorías detalladas. Cada acceso a los datos del paciente se registra en la cadena de bloques, creando un rastro de auditoría inmutable. Esto no solo ayuda a detectar cualquier acceso no autorizado, sino que también puede ser útil para cumplir con regulaciones de privacidad como HIPAA en Estados Unidos o GDPR en Europa.

Un aspecto innovador del uso de blockchain para la protección de datos de pacientes es el concepto de "consentimiento dinámico". Con los sistemas tradicionales, los pacientes suelen dar un consentimiento amplio para el uso de sus datos cuando ingresan al sistema de salud. Con blockchain, los pacientes podrían dar o retirar su consentimiento para usos específicos de sus datos en tiempo real. Por ejemplo, un paciente podría dar su consentimiento para que sus datos se utilicen en un estudio de investigación específico y luego revocar ese consentimiento cuando el estudio termine.

Sin embargo, es importante reconocer que el uso de blockchain para la protección de datos de pacientes también presenta desafíos. Uno de los principales es el "derecho al olvido" establecido en regulaciones como el GDPR. Dado que los datos en una blockchain son inmutables, puede ser difícil eliminar completamente los datos de un paciente si así lo solicita. Se están explorando soluciones a este problema, como el uso de "enlaces fuera de la cadena" donde los datos sensibles se almacenan fuera de la blockchain y solo se guardan enlaces encriptados en la cadena.

Otro desafío es la escalabilidad. Los sistemas de salud generan enormes cantidades de datos, y almacenar todos estos datos directamente en una blockchain podría no ser práctico. Se están desarrollando soluciones como el almacenamiento "fuera de la cadena" con referencias en la blockchain para abordar este problema.

A pesar de estos desafíos, varias organizaciones están explorando el uso de blockchain para mejorar la protección de datos de pacientes. Por ejemplo, el MIT Media Lab y Beth Israel Deaconess Medical Center están colaborando en un proyecto llamado MedRec, que utiliza blockchain para dar a los pacientes control sobre sus datos médicos mientras mantiene la privacidad y la seguridad.

En conclusión, el blockchain tiene el potencial de transformar radicalmente la forma en que gestionamos y protegemos los datos de salud. Desde la gestión segura de historiales médicos hasta la trazabilidad de medicamentos, la mejora de la interoperabilidad y la protección de datos sensibles, esta tecnología ofrece soluciones innovadoras a algunos de los desafíos más apremiantes del sector salud.

Sin embargo, es importante reconocer que la adopción generalizada de blockchain en el sector salud aún enfrenta obstáculos significativos. Estos incluyen desafíos técnicos como la escalabilidad y el consumo de energía, así como barreras regulatorias y de adopción. Superar estos desafíos requerirá una colaboración continua entre tecnólogos, profesionales de la salud, reguladores y pacientes.

A medida que avanzamos hacia el futuro, es probable que veamos una integración cada vez mayor de blockchain en los sistemas de salud. Esta integración promete no solo mejorar la eficiencia y la seguridad de nuestros sistemas de salud, sino también empoderar a los pacientes y fomentar un enfoque más centrado en el paciente para la atención médica. El próximo capítulo explorará cómo el blockchain está revolucionando otro sector crucial: la educación.

Capítulo 4

Innovación Educativa con Blockchain

Verificación de títulos y certificados académicos

La verificación de títulos y certificados académicos ha sido durante mucho tiempo un proceso engorroso y propenso a errores. Las instituciones educativas y los empleadores a menudo se enfrentan a desafíos significativos para autenticar las credenciales presentadas por los estudiantes y solicitantes de empleo. La tecnología blockchain está revolucionando este aspecto crucial de la educación y el empleo, ofreciendo una solución segura, transparente e inmutable para la verificación de credenciales académicas.

El blockchain proporciona un registro distribuido y a prueba de manipulaciones que permite a las instituciones educativas emitir certificados digitales que pueden ser fácilmente verificados por cualquier parte interesada. Este proceso elimina la necesidad de intermediarios y reduce significativamente el tiempo y los recursos necesarios para la verificación. Además, aborda el problema creciente de las credenciales falsificadas, que ha sido una preocupación importante en muchos países.

Un ejemplo destacado de esta aplicación es el proyecto Blockcerts, desarrollado por el MIT Media Lab en colaboración con Learning Machine. Blockcerts es un estándar abierto para crear, emitir, ver y verificar certificados basados en blockchain. Permite a las instituciones educativas emitir certificados digitales que los estudiantes pueden almacenar y compartir de forma segura. Estos certificados pueden ser verificados instantáneamente por empleadores o instituciones educativas, eliminando la necesidad de contactar a la institución emisora para la verificación.

La Universidad Técnica de Múnich (TUM) en Alemania es otra institución que ha adoptado esta tecnología. La TUM utiliza blockchain para emitir certificados a prueba de falsificaciones para sus graduados. Estos certificados contienen un hash único que se almacena en la blockchain, permitiendo una verificación rápida y segura. Este sistema no solo beneficia a los graduados y empleadores, sino que también reduce la carga administrativa de la universidad en el proceso de verificación de credenciales.

La adopción de blockchain para la verificación de credenciales académicas está ganando terreno en América Latina también. Por ejemplo, la Universidad Nacional de La Plata en Argentina ha comenzado a explorar el uso de blockchain para emitir títulos digitales. Este movimiento no solo mejora la seguridad y la eficiencia, sino que también posiciona a la universidad a la vanguardia de la innovación tecnológica en la educación superior.

Gestión de identidad digital de estudiantes

La gestión de la identidad digital de los estudiantes es otro ámbito en el que el blockchain está demostrando su potencial transformador. En un mundo cada vez más digitalizado, la capacidad de los estudiantes para controlar y gestionar su propia identidad digital se ha vuelto crucial. El blockchain ofrece una solución descentralizada y segura para este desafío, permitiendo a los estudiantes tener un mayor control sobre sus datos personales y académicos.

Con el blockchain, los estudiantes pueden crear y mantener una identidad digital única que incluye no solo sus credenciales académicas, sino también sus logros extracurriculares, habilidades y experiencias. Esta identidad digital integral puede ser actualizada continuamente a lo largo de la vida académica y profesional del estudiante, proporcionando un registro completo y verificable de sus logros y competencias.

Un ejemplo interesante de esta aplicación es el proyecto Blockcerts Wallet, que permite a los estudiantes almacenar y compartir sus credenciales académicas de manera segura. Los estudiantes tienen control total sobre quién puede acceder a sus credenciales, lo que les permite compartirlas selectivamente con empleadores potenciales o instituciones educativas. Este nivel de control sobre los datos personales es especialmente importante en una era de creciente preocupación por la privacidad y la seguridad de los datos.

En el contexto latinoamericano, la Universidad de Rosario en Colombia ha estado explorando el uso de blockchain para la gestión de identidades digitales de estudiantes. Su proyecto piloto busca crear un sistema que permita a los estudiantes tener un mayor control sobre sus datos académicos y personales, al tiempo que facilita la verificación de estos datos por parte de terceros autorizados.

La gestión de identidad digital basada en blockchain también tiene el potencial de abordar problemas de equidad en la educación. Al proporcionar a los estudiantes un medio seguro y verificable para demostrar sus habilidades y logros, el blockchain puede ayudar a nivelar el campo de juego, especialmente para aquellos de entornos desfavorecidos o con acceso limitado a la educación formal.

Plataformas de aprendizaje descentralizadas

Las plataformas de aprendizaje descentralizadas representan otra área prometedora donde el blockchain está dejando su huella en el sector educativo. Estas plataformas aprovechan la naturaleza descentralizada del blockchain para crear ecosistemas de aprendizaje más abiertos, flexibles y centrados en el estudiante.

En un modelo tradicional, el contenido educativo y los cursos son controlados y distribuidos por instituciones centralizadas. Sin embargo, las plataformas de aprendizaje basadas en blockchain permiten una mayor democratización del conocimiento. Los educadores pueden crear y ofrecer cursos directamente a los estudiantes, sin necesidad de intermediarios, mientras que los estudiantes pueden acceder a una gama más amplia de opciones educativas y tener un mayor control sobre su proceso de aprendizaje.

Un ejemplo destacado de esta innovación es la plataforma ODEM (On-Demand Education Marketplace). ODEM utiliza la tecnología blockchain para conectar directamente a estudiantes, educadores y proveedores de servicios educativos. La plataforma permite a los estudiantes solicitar cursos específicos, a los educadores ofrecer sus servicios, y facilita transacciones seguras y transparentes entre todas las partes involucradas.

En América Latina, la startup brasileña Dálogo está desarrollando una plataforma de aprendizaje descentralizada basada en blockchain. Su objetivo es crear un ecosistema educativo más inclusivo y accesible, donde los estudiantes puedan acceder a una variedad de cursos y obtener certificaciones verificables, independientemente de su ubicación geográfica o situación económica.

Las plataformas de aprendizaje descentralizadas también ofrecen nuevas posibilidades para el aprendizaje permanente y el desarrollo profesional continuo. Los profesionales pueden acceder fácilmente a cursos y programas de capacitación relevantes para su campo, y obtener certificaciones verificables que pueden agregar a su perfil profesional.

Además, estas plataformas tienen el potencial de abordar algunos de los desafíos de la educación en regiones remotas o subatendidas. Al eliminar la necesidad de infraestructura física y permitir el acceso a recursos educativos de alta calidad a través de Internet, las plataformas de aprendizaje basadas en blockchain pueden ayudar a cerrar la brecha educativa en muchas partes del mundo.

Tokenización de logros educativos

La tokenización de logros educativos es una aplicación innovadora del blockchain que está redefiniendo la forma en que reconocemos y recompensamos el aprendizaje. Esta técnica implica la representación digital de logros académicos, habilidades y competencias en forma de tokens en una blockchain.

Los tokens educativos pueden representar una amplia gama de logros, desde la finalización de un curso o un módulo específico hasta la demostración de una habilidad particular o la obtención de un grado académico. Estos tokens son inmutables, verificables y pueden ser fácilmente compartidos o transferidos, lo que los hace ideales para representar logros educativos de manera segura y transparente.

Un ejemplo interesante de tokenización de logros educativos es el proyecto Badgr, que utiliza blockchain para emitir y verificar insignias digitales que representan habilidades y logros. Estas insignias pueden ser ganadas a través de una variedad de experiencias de aprendizaje y son almacenadas de forma segura en la blockchain, permitiendo a los estudiantes compartirlas fácilmente con empleadores potenciales o instituciones educativas.

En el contexto latinoamericano, la Universidad de los Andes en Colombia ha estado explorando el uso de tokens educativos para reconocer y recompensar el aprendizaje no formal e informal. Su proyecto piloto busca crear un sistema que permita a los estudiantes obtener tokens por participar en actividades extracurriculares, proyectos de investigación o trabajo voluntario, proporcionando un reconocimiento tangible y verificable de estas experiencias de aprendizaje.

La tokenización de logros educativos tiene el potencial de revolucionar la forma en que conceptualizamos y valoramos la educación. En lugar de depender únicamente de títulos y grados tradicionales, los empleadores y las instituciones educativas pueden tener una visión más granular y completa de las habilidades y competencias de un individuo. Esto puede conducir a una evaluación más precisa de las capacidades de un candidato y a una mejor correspondencia entre las habilidades y las oportunidades.

Además, la tokenización puede fomentar un enfoque más personalizado y flexible del aprendizaje. Los estudiantes pueden acumular tokens que representan habilidades y conocimientos específicos de múltiples fuentes, creando un perfil educativo único que refleja con precisión sus fortalezas y áreas de experiencia.

La implementación de blockchain en el sector educativo, como hemos visto a lo largo de este capítulo, está transformando fundamentalmente la forma en que verificamos credenciales, gestionamos identidades digitales, accedemos al aprendizaje y reconocemos logros. Estas innovaciones tienen el potencial de hacer que la educación sea más accesible, equitativa y relevante para las demandas del siglo XXI.

Sin embargo, es importante reconocer que la adopción generalizada de estas tecnologías también plantea desafíos significativos. Las instituciones educativas deben navegar por cuestiones de privacidad, seguridad de datos y equidad en el acceso a la tecnología. Además, se necesitará un esfuerzo concertado para garantizar que estas innovaciones beneficien a todos los estudiantes, independientemente de su origen socioeconómico o ubicación geográfica.

A medida que avanzamos hacia el próximo capítulo, donde exploraremos la revolución que el blockchain está trayendo a la logística y la cadena de suministro, es importante tener en cuenta cómo las lecciones aprendidas en el sector educativo pueden aplicarse a otros campos. La capacidad del blockchain para crear registros inmutables, facilitar transacciones seguras y descentralizar procesos tiene aplicaciones de gran alcance que se extienden mucho más allá de la educación. En el próximo capítulo, veremos cómo estas características están transformando la forma en que rastreamos productos, optimizamos procesos y gestionamos complejas cadenas de suministro globales.

Capítulo 5

Revolución en la Logística y Cadena de Suministro

Trazabilidad de productos desde el origen hasta el consumidor

La trazabilidad de productos se ha convertido en uno de los aspectos más revolucionarios que el blockchain ha aportado a la logística y la cadena de suministro. Esta tecnología permite rastrear un producto desde su origen hasta que llega a manos del consumidor final, proporcionando una transparencia sin precedentes en todo el proceso. La inmutabilidad y la descentralización del blockchain garantizan que la información registrada sea confiable y no pueda ser alterada, lo que resulta crucial para industrias donde la autenticidad y la calidad de los productos son primordiales.

En el sector alimentario, por ejemplo, el blockchain está transformando la manera en que se verifica la procedencia de los alimentos. Imagine un consumidor que puede escanear un código QR en una botella de vino y obtener información detallada sobre la uva utilizada, la región donde se cultivó, la fecha de cosecha, el proceso de fermentación y cada paso del viaje de esa botella hasta llegar a la tienda. Esta capacidad no solo satisface la creciente demanda de los consumidores por conocer el origen de sus alimentos, sino que también permite una respuesta rápida y precisa en caso de que se detecte algún problema de calidad o seguridad alimentaria.

La trazabilidad blockchain va más allá de la simple documentación del viaje de un producto. También permite verificar las condiciones en las que se ha transportado. En el caso de productos farmacéuticos o alimentos perecederos, sensores IoT pueden registrar en tiempo real la temperatura, humedad y otras condiciones críticas durante el transporte. Estos datos se almacenan de forma segura en la blockchain, creando un registro inalterable que garantiza la integridad del producto y facilita el cumplimiento de regulaciones estrictas.

Además, la trazabilidad blockchain está jugando un papel crucial en la lucha contra la falsificación de productos. En industrias como la de lujo o la farmacéutica, donde los productos falsificados representan un grave problema, el blockchain permite a los fabricantes y consumidores verificar la autenticidad de un producto en cualquier punto de la cadena de suministro. Cada artículo puede tener un identificador único registrado en la blockchain, creando un "pasaporte digital" que lo acompaña desde la producción hasta la venta.

Optimización de procesos y reducción de costos

La implementación del blockchain en la logística y la cadena de suministro no solo mejora la trazabilidad, sino que también conduce a una significativa optimización de procesos y reducción de costos. La naturaleza descentralizada y transparente del blockchain elimina la necesidad de intermediarios y reduce la burocracia, lo que se traduce en operaciones más eficientes y económicas.

Uno de los aspectos más impactantes es la reducción del papeleo y la automatización de procesos administrativos. Tradicionalmente, el movimiento de mercancías a través de fronteras internacionales implica una gran cantidad de documentación física, desde facturas y certificados de origen hasta documentos de aduana. El blockchain permite digitalizar y automatizar gran parte de este proceso, reduciendo errores, acelerando los trámites y disminuyendo los costos asociados con la gestión de documentos físicos.

La visibilidad mejorada que ofrece el blockchain también contribuye a una gestión más eficiente del inventario. Las empresas pueden tener una visión en tiempo real de sus existencias en toda la cadena de suministro, lo que les permite optimizar los niveles de stock, reducir el desperdicio y responder más rápidamente a los cambios en la demanda. Esto es particularmente valioso en industrias con productos perecederos o de alta rotación, donde la gestión eficiente del inventario puede marcar la diferencia entre el éxito y el fracaso.

Otro aspecto crucial es la mejora en la coordinación entre los diferentes actores de la cadena de suministro. Al compartir información en tiempo real a través de una plataforma blockchain, proveedores, fabricantes, transportistas y minoristas pueden sincronizar sus operaciones de manera más efectiva. Esto reduce los tiempos de espera, minimiza los cuellos de botella y permite una planificación más precisa de la producción y la distribución.

La reducción de costos también se manifiesta en la disminución de disputas y litigios. La transparencia y la inmutabilidad del blockchain proporcionan un registro claro y verificable de todas las transacciones y movimientos, lo que reduce significativamente las discrepancias y malentendidos entre las partes involucradas. En caso de que surja una disputa, la resolución es más rápida y menos costosa, ya que todas las partes tienen acceso a la misma información verificable.

Automatización de contratos y pagos

La automatización de contratos y pagos a través de smart contracts es otro aspecto revolucionario que el blockchain aporta a la logística y la cadena de suministro. Los smart contracts son programas autoejecutables que se activan cuando se cumplen ciertas condiciones predefinidas. En el contexto de la cadena de suministro, estos contratos inteligentes pueden automatizar una amplia gama de procesos, desde la emisión de órdenes de compra hasta la liberación de pagos.

Imagine un escenario donde un cargamento de productos llega a su destino. Los sensores IoT confirman que la mercancía ha llegado en las condiciones adecuadas y esta información se registra en la blockchain. Automáticamente, el smart contract verifica que se han cumplido todas las condiciones del acuerdo y libera el pago al proveedor. Todo este proceso ocurre sin intervención humana, de manera instantánea y transparente para todas las partes involucradas.

Esta automatización no solo acelera los procesos, sino que también reduce significativamente los errores y fraudes. Los términos del contrato están codificados y son inmutables, lo que elimina ambigüedades y disputas. Además, la automatización de pagos puede mejorar significativamente el flujo de caja en toda la cadena de suministro, especialmente para pequeños proveedores que a menudo enfrentan retrasos en los pagos.

Los smart contracts también pueden facilitar modelos de negocio más complejos y flexibles. Por ejemplo, pueden implementarse esquemas de pago basados en el rendimiento, donde los proveedores reciben bonificaciones automáticas si cumplen ciertos criterios de calidad o tiempos de entrega. Esto crea incentivos alineados en toda la cadena de suministro y fomenta la mejora continua.

Otra aplicación interesante es la gestión automática de inventarios. Los smart contracts pueden programarse para emitir órdenes de reabastecimiento cuando los niveles de stock caen por debajo de cierto umbral. Esto no solo asegura que siempre haya suficiente inventario, sino que también optimiza los costos de almacenamiento al mantener solo el stock necesario.

Casos de éxito en la industria alimentaria y retail

La industria alimentaria y el retail han sido pioneros en la adopción del blockchain para mejorar sus cadenas de suministro, y ya existen varios casos de éxito que demuestran el potencial transformador de esta tecnología.

Uno de los casos más notables es el de Walmart, que ha implementado una plataforma blockchain para rastrear la procedencia de los productos frescos. En colaboración con IBM, Walmart desarrolló un sistema que permite rastrear el origen de los mangos vendidos en sus tiendas estadounidenses en cuestión de segundos. Antes de la implementación del blockchain, este proceso podía llevar hasta siete días. Esta mejora en la trazabilidad no solo aumenta la confianza del consumidor, sino que también permite una respuesta mucho más rápida en caso de problemas de seguridad alimentaria.

Carrefour, el gigante minorista francés, ha implementado la tecnología blockchain para rastrear pollos de corral. Los consumidores pueden escanear un código QR en el empaque del pollo y obtener información detallada sobre el origen del ave, su alimentación, las condiciones en las que fue criada e incluso el nombre del agricultor. Este nivel de transparencia ha aumentado significativamente la confianza del consumidor y ha llevado a un aumento en las ventas de estos productos.

En el sector del café, la startup Bext360 está utilizando blockchain para crear una cadena de suministro más justa y transparente. Su plataforma permite rastrear el café desde el agricultor hasta la taza, asegurando que los agricultores reciban un pago justo por su producto. Los consumidores pueden ver exactamente de dónde viene su café y cuánto se pagó por él, creando una conexión directa entre el productor y el consumidor final.

La industria del atún también ha adoptado el blockchain para combatir la pesca ilegal y garantizar la sostenibilidad. La empresa Provenance ha desarrollado un sistema que permite rastrear el atún desde el momento en que es capturado hasta que llega al consumidor. Cada pez es etiquetado con un código único que se registra en la blockchain, permitiendo verificar su origen y método de captura.

En el sector del vino, el consorcio italiano WINE ha implementado una plataforma blockchain para certificar la autenticidad y calidad de los vinos italianos. Esta iniciativa no solo protege contra la falsificación, sino que también permite a los consumidores acceder a información detallada sobre el vino, desde la variedad de uva hasta las condiciones climáticas durante la cosecha.

Estos casos de éxito demuestran cómo el blockchain está transformando la industria alimentaria y el retail, proporcionando una transparencia sin precedentes, mejorando la eficiencia operativa y creando nuevas formas de conectar con los consumidores. A medida que más empresas adoptan esta tecnología, es probable que veamos una transformación aún más profunda en la forma en que se gestionan las cadenas de suministro en estos sectores.

La revolución que el blockchain está trayendo a la logística y la cadena de suministro es apenas el comienzo. A medida que la tecnología madura y se integra con otras innovaciones como la inteligencia artificial y el Internet de las Cosas, podemos esperar ver soluciones aún más sofisticadas y transformadoras. La próxima frontera podría ser la creación de cadenas de suministro completamente autónomas, donde los productos se mueven de manera inteligente y eficiente desde el productor hasta el consumidor, con mínima intervención humana.

Sin embargo, junto con estas oportunidades, también surgen desafíos. La adopción generalizada del blockchain en la logística y la cadena de suministro requerirá una colaboración sin precedentes entre diferentes actores de la industria, así como una inversión significativa en infraestructura y capacitación. También será necesario abordar cuestiones regulatorias y de estandarización para asegurar la interoperabilidad entre diferentes sistemas blockchain.

A medida que avanzamos hacia el siguiente capítulo, es importante considerar cómo estas innovaciones en la logística y la cadena de suministro se relacionan con otros sectores de la economía. En particular, veremos cómo el blockchain está transformando la forma en que los gobiernos y las instituciones públicas operan y prestan servicios a los ciudadanos. La transparencia y eficiencia que el blockchain aporta a la cadena de suministro también tienen el potencial de revolucionar la administración pública, como exploraremos en detalle en el próximo capítulo.

Capítulo 6

Gobierno y Servicios Públicos en la Era Blockchain

Transparencia en la gestión pública y lucha contra la corrupción

La transparencia en la gestión pública y la lucha contra la corrupción son dos de los desafíos más apremiantes que enfrentan los gobiernos en todo el mundo. La tecnología blockchain emerge como una herramienta poderosa para abordar estos problemas de manera efectiva y transformadora. Al implementar sistemas basados en blockchain, los gobiernos pueden crear un registro inmutable y transparente de todas las transacciones y decisiones, lo que dificulta significativamente la manipulación de datos y la corrupción.

La naturaleza descentralizada del blockchain permite que múltiples partes interesadas, incluidos los ciudadanos, tengan acceso a la información en tiempo real. Esto no solo aumenta la confianza en las instituciones gubernamentales, sino que también fomenta una mayor participación ciudadana en los procesos de toma de decisiones. Por ejemplo, en países como Estonia, pionero en la implementación de soluciones blockchain en el gobierno, los ciudadanos pueden verificar quién ha accedido a sus datos personales y con qué propósito, lo que proporciona un nivel sin precedentes de transparencia y control sobre la información personal.

Además, la tecnología blockchain puede ser utilizada para rastrear y verificar el uso de fondos públicos. Cada transacción se registra de manera permanente e inalterable, lo que permite un seguimiento detallado de cómo se gastan los recursos del estado. Esto no solo disuade la malversación de fondos, sino que también proporciona a los auditores y al público en general una herramienta poderosa para supervisar el gasto gubernamental.

En el contexto de la contratación pública, el blockchain puede revolucionar la forma en que se llevan a cabo las licitaciones y se adjudican los contratos. Al utilizar contratos inteligentes basados en blockchain, se puede automatizar y transparentar todo el proceso de licitación, desde la publicación de la oferta hasta la adjudicación del contrato. Esto reduce significativamente las oportunidades de manipulación y favoritismo, asegurando que los contratos se otorguen de manera justa y basándose únicamente en los méritos de las propuestas.

La implementación de sistemas blockchain en la gestión pública no solo combate la corrupción, sino que también mejora la eficiencia operativa. Al eliminar intermediarios y automatizar procesos, se reducen los costos administrativos y se acelera la prestación de servicios. Esto se traduce en un gobierno más ágil y receptivo a las necesidades de los ciudadanos.

Identidad digital ciudadana

La identidad digital ciudadana es otro ámbito en el que el blockchain está teniendo un impacto significativo. En un mundo cada vez más digitalizado, la capacidad de verificar y proteger la identidad de los ciudadanos se ha vuelto crucial. El blockchain ofrece una solución robusta y segura para la gestión de identidades digitales, proporcionando a los ciudadanos un mayor control sobre sus datos personales y facilitando interacciones más seguras con los servicios gubernamentales y privados.

Un sistema de identidad digital basado en blockchain permite a los ciudadanos tener una identidad única y verificable que pueden utilizar para acceder a diversos servicios públicos y privados. Esta identidad es inmutable y está bajo el control del ciudadano, lo que significa que pueden decidir qué información compartir y con quién. Esto contrasta con los sistemas tradicionales, donde los datos personales a menudo se almacenan en bases de datos centralizadas vulnerables a ataques cibernéticos y uso indebido.

La implementación de identidades digitales basadas en blockchain también puede ayudar a abordar problemas globales como la falta de identidad legal. Según el Banco Mundial, alrededor de 1.100 millones de personas en todo el mundo carecen de una identidad legalmente reconocida. Esto les impide acceder a servicios básicos como atención médica, educación y servicios financieros. Un sistema de identidad digital basado en blockchain podría proporcionar a estas personas una forma de establecer y verificar su identidad, abriendo puertas a oportunidades que antes eran inaccesibles.

En países como Suecia, se están explorando soluciones de identidad digital basadas en blockchain para simplificar y asegurar las interacciones entre ciudadanos y servicios gubernamentales. Estos sistemas permiten a los ciudadanos autenticarse de forma segura para acceder a servicios como la declaración de impuestos, el registro de vehículos o la solicitud de beneficios sociales, todo desde la comodidad de sus hogares.

Además, la identidad digital basada en blockchain puede facilitar la portabilidad de la identidad a través de las fronteras. Esto es particularmente relevante en regiones como la Unión Europea, donde la libre circulación de personas es un derecho fundamental. Un sistema de identidad digital interoperable basado en blockchain podría permitir a los ciudadanos acceder a servicios públicos en diferentes países de la UE sin necesidad de múltiples procesos de verificación.

Sin embargo, es importante abordar los desafíos asociados con la implementación de sistemas de identidad digital, como la privacidad y la seguridad de los datos. Los gobiernos deben trabajar en estrecha colaboración con expertos en tecnología y defensores de la privacidad para garantizar que estos sistemas se diseñen y implementen de manera que protejan los derechos y libertades de los ciudadanos.

Votación electrónica segura

La votación electrónica ha sido durante mucho tiempo un objetivo deseado pero elusivo para muchos gobiernos. Los sistemas de votación tradicionales, ya sean en papel o electrónicos, a menudo han sido criticados por su vulnerabilidad a la manipulación y la falta de transparencia. El blockchain ofrece una solución prometedora a estos desafíos, proporcionando un sistema de votación electrónica que es seguro, transparente y verificable.

Un sistema de votación basado en blockchain utiliza la tecnología de registro distribuido para crear un registro inmutable de cada voto emitido. Cada voto se registra como una transacción en la cadena de bloques, lo que hace prácticamente imposible alterar o eliminar votos sin dejar rastro. Además, la naturaleza descentralizada del blockchain significa que no hay un punto único de falla que pueda ser atacado para manipular los resultados de la votación.

Una de las ventajas clave de un sistema de votación basado en blockchain es la capacidad de los votantes para verificar que su voto ha sido contabilizado correctamente sin comprometer el secreto del voto. Esto se logra mediante el uso de técnicas criptográficas que permiten a los votantes verificar su propio voto sin revelar por quién votaron. Esta característica aumenta significativamente la confianza en el proceso electoral y puede ayudar a combatir la apatía de los votantes.

Además, los sistemas de votación basados en blockchain pueden aumentar la accesibilidad y la participación en el proceso democrático. Al permitir el voto remoto de manera segura, estos sistemas pueden facilitar la participación de ciudadanos que de otra manera podrían tener dificultades para votar, como personas con discapacidades, ciudadanos en el extranjero o personas que viven en áreas remotas.

Sin embargo, es importante señalar que la implementación de sistemas de votación electrónica, incluso basados en blockchain, no está exenta de desafíos. Cuestiones como la verificación de la identidad del votante, la prevención de la coerción y la garantía de la accesibilidad universal deben abordarse cuidadosamente. Además, es crucial que estos sistemas se diseñen de manera que sean comprensibles y transparentes para el público en general, no solo para expertos en tecnología.

Varios países y organizaciones han comenzado a experimentar con sistemas de votación basados en blockchain. Por ejemplo, en 2018, el estado de Virginia Occidental en Estados Unidos utilizó una aplicación basada en blockchain para permitir que los miembros del servicio militar en el extranjero votaran en las elecciones de mitad de término. Aunque fue una prueba a pequeña escala, demostró el potencial de esta tecnología para revolucionar los procesos electorales.

Mejora en la prestación de servicios públicos

La mejora en la prestación de servicios públicos es una de las áreas más prometedoras para la aplicación de la tecnología blockchain en el gobierno. Al implementar soluciones basadas en blockchain, los gobiernos pueden aumentar la eficiencia, reducir costos y mejorar la experiencia del ciudadano en una amplia gama de servicios públicos.

Uno de los principales beneficios de utilizar blockchain en la prestación de servicios públicos es la capacidad de crear un registro único y verificable de todas las interacciones entre el ciudadano y el gobierno. Esto puede simplificar significativamente procesos que tradicionalmente han sido complejos y burocráticos. Por ejemplo, en el registro de propiedades, el blockchain puede crear un registro inmutable de la propiedad y las transacciones relacionadas, reduciendo el tiempo y los costos asociados con la verificación de títulos y la transferencia de propiedades.

En el ámbito de la salud pública, el blockchain puede facilitar la creación de historiales médicos interoperables y seguros. Los pacientes pueden tener control sobre sus datos médicos y compartirlos de manera segura con diferentes proveedores de atención médica, mejorando la continuidad de la atención y reduciendo los errores médicos. Además, en situaciones de emergencia, como pandemias, el blockchain puede ayudar a rastrear y distribuir suministros médicos de manera más eficiente.

El blockchain también puede revolucionar la forma en que se gestionan los beneficios sociales. Al crear un sistema transparente y auditable para la distribución de beneficios, se puede reducir el fraude y asegurar que la ayuda llegue a quienes realmente la necesitan. Por ejemplo, en países en desarrollo, donde la corrupción y el desvío de fondos son problemas comunes, un sistema basado en blockchain puede garantizar que los subsidios y ayudas lleguen directamente a los beneficiarios previstos.

En el ámbito de la educación, el blockchain puede facilitar la verificación de credenciales académicas y profesionales. Las instituciones educativas pueden emitir certificados y títulos en la cadena de bloques, creando un registro permanente y verificable de los logros académicos de una persona. Esto no solo simplifica el proceso de verificación para empleadores y otras instituciones educativas, sino que también reduce el fraude en las credenciales académicas.

La gestión de documentos públicos es otra área donde el blockchain puede tener un impacto significativo. Al crear versiones digitales inmutables de documentos como certificados de nacimiento, licencias de conducir o pasaportes, se puede reducir el fraude documental y simplificar los procesos de verificación. Esto no solo mejora la eficiencia de los servicios públicos, sino que también puede ayudar a combatir problemas como la trata de personas y el fraude de identidad.

Además, el blockchain puede mejorar la eficiencia en la gestión de infraestructuras públicas. Por ejemplo, en el mantenimiento de carreteras y puentes, los sensores IoT combinados con blockchain pueden crear un registro inmutable del estado de la infraestructura, permitiendo un mantenimiento predictivo más eficiente y una mejor asignación de recursos.

Sin embargo, es importante reconocer que la implementación de soluciones blockchain en los servicios públicos no está exenta de desafíos. La integración con sistemas heredados, la capacitación del personal gubernamental y la garantía de la accesibilidad para todos los ciudadanos son aspectos que deben abordarse cuidadosamente. Además, es crucial que estas implementaciones se realicen de manera que respeten la privacidad de los ciudadanos y cumplan con las regulaciones de protección de datos.

A medida que avanzamos hacia un futuro cada vez más digitalizado, la tecnología blockchain tiene el potencial de transformar fundamentalmente la forma en que los gobiernos interactúan con los ciudadanos y prestan servicios públicos. Al aumentar la transparencia, la eficiencia y la confianza en las instituciones gubernamentales, el blockchain puede contribuir significativamente a la creación de sociedades más justas, equitativas y participativas.

La adopción de blockchain en el gobierno y los servicios públicos representa un cambio de paradigma en la forma en que concebimos la gobernanza en la era digital. A medida que más gobiernos experimenten y adopten esta tecnología, es probable que veamos surgir nuevos modelos de gobierno que sean más transparentes, eficientes y centrados en el ciudadano.

Sin embargo, es importante recordar que la tecnología por sí sola no es una panacea para todos los desafíos de la gobernanza. La implementación exitosa de soluciones blockchain en el sector público requiere un enfoque holístico que considere no solo los aspectos tecnológicos, sino también los legales, éticos y sociales. Es crucial que los gobiernos trabajen en estrecha colaboración con expertos en tecnología, defensores de la privacidad y representantes de la sociedad civil para garantizar que estas implementaciones se realicen de manera que beneficien a todos los ciudadanos y fortalezcan los principios democráticos.

A medida que avanzamos hacia el próximo capítulo, exploraremos cómo las criptomonedas, el primer caso de uso masivo del blockchain, han impactado el sistema financiero tradicional y han planteado nuevos desafíos regulatorios. Esta discusión nos permitirá comprender mejor cómo la tecnología blockchain está remodelando no solo el sector público, sino también el panorama económico global.

Capítulo 7

Criptomonedas: El Primer Caso de Uso Masivo

Evolución de las criptomonedas

Las criptomonedas han recorrido un largo camino desde su concepción inicial hasta convertirse en un fenómeno global que ha captado la atención de inversores, tecnólogos y reguladores por igual. Todo comenzó en 2008 cuando un individuo o grupo bajo el seudónimo de Satoshi Nakamoto publicó un documento técnico titulado "Bitcoin: Un Sistema de Efectivo Electrónico Peer-to-Peer". Este documento sentó las bases para la primera criptomoneda descentralizada, el Bitcoin, que se lanzaría al año siguiente.

El Bitcoin surgió como una respuesta directa a la crisis financiera global de 2008, que había erosionado la confianza en las instituciones financieras tradicionales y los gobiernos. La idea era crear un sistema monetario que no dependiera de intermediarios centralizados y que permitiera transacciones directas entre pares. Este concepto revolucionario atrajo inicialmente a un pequeño grupo de entusiastas de la tecnología y libertarios económicos.

En los primeros años, el Bitcoin era poco más que un experimento tecnológico. Su valor era insignificante y su uso estaba limitado a un puñado de personas. Sin embargo, a medida que más personas comenzaron a comprender su potencial, su valor y adopción comenzaron a crecer. El primer hito significativo en la historia del Bitcoin fue la famosa transacción de las pizzas en 2010, cuando un programador compró dos pizzas por 10,000 bitcoins, estableciendo por primera vez un valor de intercambio real para la criptomoneda.

A partir de ese momento, el crecimiento fue exponencial. El éxito del Bitcoin inspiró la creación de numerosas "altcoins" o monedas alternativas. Litecoin, creada en 2011, fue una de las primeras en ganar tracción, seguida por muchas otras. Cada una de estas nuevas criptomonedas trataba de mejorar o modificar algún aspecto del Bitcoin original, ya sea en términos de velocidad de transacción, algoritmo de minería o caso de uso específico.

El año 2013 marcó un punto de inflexión para las criptomonedas. El valor del Bitcoin experimentó su primera gran burbuja, alcanzando los $1,000 por unidad antes de desplomarse. Este episodio atrajo la atención de los medios de comunicación y el público en general, poniendo las criptomonedas en el mapa para muchos inversores y empresas.

El siguiente gran salto en la evolución de las criptomonedas vino con el lanzamiento de Ethereum en 2015. Creado por Vitalik Buterin, Ethereum introdujo el concepto de contratos inteligentes, permitiendo la creación de aplicaciones descentralizadas (dApps) y tokens personalizados en su blockchain. Esto abrió un nuevo mundo de posibilidades más allá de las simples transacciones monetarias.

El año 2017 vio otra explosión en el valor y la adopción de las criptomonedas. El Bitcoin alcanzó casi los $20,000 por unidad, y el mercado de las criptomonedas en su conjunto llegó a valer más de $800 mil millones. Este período también vio el auge de las Ofertas Iniciales de Monedas (ICO), un nuevo método de recaudación de fondos basado en la emisión de tokens criptográficos.

Sin embargo, como suele ocurrir con las innovaciones disruptivas, el camino no ha sido siempre suave. Las criptomonedas han enfrentado numerosos desafíos, desde hacks y estafas hasta una intensa volatilidad del mercado y escrutinio regulatorio. El colapso del mercado en 2018, que vio el valor del Bitcoin caer más del 80% desde su máximo, fue un duro recordatorio de los riesgos asociados con esta nueva clase de activos.

A pesar de estos reveses, las criptomonedas han demostrado ser resilientes. En los años siguientes, hemos visto una maduración gradual del mercado, con una mayor participación institucional, mejores prácticas de seguridad y un enfoque creciente en la regulación. El concepto de "finanzas descentralizadas" o DeFi ha surgido como una nueva frontera, prometiendo replicar y mejorar los servicios financieros tradicionales utilizando tecnología blockchain.

La pandemia de COVID-19 en 2020 marcó otro punto de inflexión para las criptomonedas. Con los gobiernos de todo el mundo imprimiendo dinero a un ritmo sin precedentes para hacer frente a la crisis económica, muchos inversores recurrieron al Bitcoin como una cobertura contra la inflación. Esto llevó a una nueva ola de adopción institucional, con empresas como Tesla y MicroStrategy añadiendo Bitcoin a sus balances corporativos.

En la actualidad, el ecosistema de las criptomonedas es vasto y diverso. Desde stablecoins diseñadas para mantener un valor estable, hasta tokens de gobernanza que permiten a los usuarios participar en la toma de decisiones de proyectos descentralizados, la innovación continúa a un ritmo vertiginoso. Las criptomonedas han pasado de ser una curiosidad tecnológica a convertirse en una clase de activos reconocida y un campo de innovación financiera en constante evolución.

Funcionamiento y tipos de criptomonedas

Para comprender el funcionamiento de las criptomonedas, es fundamental entender la tecnología blockchain que las sustenta. En esencia, una blockchain es un libro de contabilidad distribuido que registra todas las transacciones de manera transparente e inmutable. Cada "bloque" en la cadena contiene un conjunto de transacciones, y una vez que un bloque se añade a la cadena, no puede ser alterado sin el consenso de la red.

En el caso del Bitcoin, por ejemplo, cuando un usuario desea realizar una transacción, esta se transmite a una red de nodos (computadoras que ejecutan el software de Bitcoin). Los mineros, que son nodos especiales en la red, compiten para resolver complejos problemas matemáticos para validar un nuevo bloque de transacciones. El primer minero que resuelve el problema añade el nuevo bloque a la cadena y es recompensado con nuevos bitcoins. Este proceso, conocido como "prueba de trabajo", asegura la integridad de la red y la emisión controlada de nuevas monedas.

Otras criptomonedas pueden utilizar diferentes mecanismos de consenso. Ethereum, por ejemplo, está en proceso de transición de la prueba de trabajo a la "prueba de participación", donde los validadores bloquean una cantidad de sus tokens como garantía para tener el derecho de validar transacciones. Este método es considerado más eficiente energéticamente y potencialmente más seguro.

En cuanto a los tipos de criptomonedas, podemos clasificarlas en varias categorías:

1. Monedas: Como Bitcoin, Litecoin o Monero, diseñadas principalmente como medios de intercambio y almacenamiento de valor.

2. Tokens de utilidad: Asociados a proyectos específicos y diseñados para proporcionar acceso a servicios o funcionalidades dentro de una plataforma particular. Por ejemplo, el token BAT (Basic Attention Token) se utiliza en el ecosistema del navegador Brave.

3. Tokens de seguridad: Representan la propiedad de un activo subyacente, similar a las acciones tradicionales. Estos están sujetos a regulaciones de valores en muchas jurisdicciones.

4. Stablecoins: Diseñadas para mantener un valor estable, generalmente vinculado a una moneda fiduciaria como el dólar estadounidense. Ejemplos incluyen Tether (USDT) y USD Coin (USDC).

5. Tokens de gobernanza: Otorgan a los titulares el derecho a votar sobre decisiones relacionadas con el desarrollo y la gestión de un proyecto blockchain.

6. Tokens no fungibles (NFTs): Representan la propiedad de activos digitales únicos, como obras de arte o coleccionables.

El funcionamiento específico de cada criptomoneda puede variar significativamente. Algunas, como Ripple (XRP), están diseñadas para facilitar transacciones rápidas y de bajo costo entre instituciones financieras. Otras, como Cardano (ADA), se centran en la sostenibilidad y la escalabilidad. Monero (XMR) prioriza la privacidad, utilizando técnicas criptográficas avanzadas para ocultar los detalles de las transacciones.

Es importante destacar que, a pesar de sus diferencias, todas las criptomonedas comparten algunas características fundamentales: son descentralizadas (en diversos grados), utilizan criptografía para asegurar las transacciones, y operan en redes peer-to-peer que eliminan la necesidad de intermediarios centralizados.

Impacto en el sistema financiero tradicional

La aparición y el crecimiento de las criptomonedas han tenido un impacto profundo y multifacético en el sistema financiero tradicional. Este impacto se ha manifestado en varios niveles, desde desafiar los modelos de negocio existentes hasta inspirar innovaciones en el sector financiero establecido.

En primer lugar, las criptomonedas han cuestionado el monopolio de los bancos centrales sobre la emisión y el control del dinero. Bitcoin, en particular, fue diseñado como una alternativa al sistema monetario centralizado, ofreciendo una forma de dinero que no está sujeta al control de ninguna autoridad central. Esto ha llevado a debates intensos sobre el futuro del dinero y el papel de los bancos centrales en la era digital.

Como respuesta a este desafío, muchos bancos centrales están explorando la posibilidad de emitir sus propias monedas digitales (CBDC). China, por ejemplo, ya está probando el yuan digital en varias ciudades, mientras que el Banco Central Europeo está investigando activamente el concepto de un euro digital. Estas iniciativas demuestran cómo las criptomonedas están obligando a las instituciones financieras tradicionales a adaptarse y evolucionar.

Las criptomonedas también han puesto de manifiesto las ineficiencias en el sistema de pagos tradicional, especialmente en lo que respecta a las transferencias internacionales. Las remesas, por ejemplo, han sido un área donde las criptomonedas han demostrado su potencial para reducir costos y acelerar las transacciones. Empresas como Ripple están trabajando con bancos tradicionales para mejorar la eficiencia de los pagos transfronterizos utilizando tecnología blockchain.

El profesor de finanzas de la Universidad de Stanford, Darrell Duffie, comenta al respecto: "Las criptomonedas han expuesto las debilidades del sistema de pagos tradicional, especialmente en las transferencias internacionales. Esto está impulsando la innovación tanto en el sector cripto como en el sector bancario tradicional".

Otro aspecto importante es el impacto de las criptomonedas en la inversión y la gestión de activos. El Bitcoin, en particular, ha sido promocionado como "oro digital" y una cobertura contra la inflación, atrayendo el interés de inversores institucionales. Esto ha llevado a la creación de nuevos productos financieros, como los fondos cotizados (ETF) de Bitcoin, que permiten a los inversores tradicionales exponerse a las criptomonedas sin tener que poseerlas directamente.

Las finanzas descentralizadas (DeFi) representan quizás el desafío más directo al sistema financiero tradicional. Las plataformas DeFi ofrecen servicios financieros como préstamos, seguros y trading sin intermediarios centralizados, utilizando contratos inteligentes en blockchains como Ethereum. Aunque aún en sus primeras etapas, el DeFi tiene el potencial de desintermediar muchas funciones tradicionalmente realizadas por bancos y otras instituciones financieras.

El crecimiento de las criptomonedas también ha planteado desafíos significativos para los reguladores financieros. Las cuestiones de protección al consumidor, prevención del lavado de dinero y estabilidad financiera han llevado a un intenso debate sobre cómo regular este nuevo sector. Algunos países han adoptado un enfoque favorable, mientras que otros han impuesto restricciones severas o incluso prohibiciones totales.

A medida que las criptomonedas ganan adopción, también están influyendo en las estrategias de los bancos tradicionales. Muchos bancos importantes están explorando formas de ofrecer servicios relacionados con las criptomonedas a sus clientes, desde custodia hasta trading. JPMorgan Chase, por ejemplo, que inicialmente era escéptico sobre el Bitcoin, ahora ofrece servicios de custodia de criptomonedas a clientes institucionales.

El impacto de las criptomonedas en el sistema financiero tradicional no se limita a los aspectos operativos y estratégicos. También está cambiando la cultura y las expectativas de los consumidores. La transparencia, la accesibilidad 24/7 y la capacidad de tener control total sobre los activos financieros son características de las criptomonedas que los consumidores están empezando a esperar también de los servicios financieros tradicionales.

Sin embargo, es importante señalar que el impacto de las criptomonedas no ha sido uniformemente positivo. La volatilidad extrema de los precios, los riesgos de seguridad y los casos de fraude han planteado preocupaciones legítimas sobre la estabilidad y la seguridad del ecosistema cripto. Estos desafíos han llevado a muchas instituciones financieras tradicionales a adoptar un enfoque cauteloso hacia las criptomonedas.

A pesar de estos desafíos, es innegable que las criptomonedas han actuado como un catalizador para la innovación en el sector financiero. Han obligado a las instituciones tradicionales a repensar sus modelos de negocio, mejorar sus servicios y explorar nuevas tecnologías. Como resultado, estamos viendo una convergencia gradual entre el mundo de las finanzas tradicionales y el de las criptomonedas, con cada sector aprendiendo y adaptándose al otro.

Regulación y desafíos legales

La regulación de las criptomonedas representa uno de los desafíos más complejos y urgentes en el panorama financiero actual. A medida que las criptomonedas han ganado popularidad y valor de mercado, los reguladores de todo el mundo se han visto obligados a abordar una serie de cuestiones legales y normativas sin precedentes.

Uno de los principales desafíos regulatorios es la naturaleza transfronteriza de las criptomonedas. A diferencia de las monedas tradicionales, que están claramente vinculadas a jurisdicciones específicas, las criptomonedas operan en una red global descentralizada. Esto plantea preguntas complejas sobre qué autoridades tienen jurisdicción y cómo se pueden aplicar las leyes existentes.

La clasificación legal de las criptomonedas es otro tema de debate. Dependiendo de la jurisdicción y el contexto específico, las criptomonedas pueden ser clasificadas como monedas, commodities, valores o una nueva clase de activos. Esta falta de consenso ha llevado a enfoques regulatorios divergentes en diferentes países.

En Estados Unidos, por ejemplo, diferentes agencias han adoptado diferentes enfoques. La Comisión de Bolsa y Valores (SEC) ha tratado muchas criptomonedas, especialmente las emitidas a través de ICOs, como valores sujetos a su regulación. Por otro lado, la Comisión de Comercio de Futuros de Productos Básicos (CFTC) ha clasificado al Bitcoin como una commodity.

El ex presidente de la CFTC, Christopher Giancarlo, comentó sobre esta situación: "La tecnología blockchain y las criptomonedas desafían nuestros marcos regulatorios existentes. Necesitamos un enfoque flexible y adaptativo que fomente la innovación mientras protege a los consumidores y la integridad del mercado".

La prevención del lavado de dinero y el financiamiento del terrorismo (AML/CFT) es otra área de gran preocupación para los reguladores. El pseudoanonimato ofrecido por muchas criptomonedas ha llevado a temores de que puedan ser utilizadas para actividades ilícitas. Como resultado, muchos países han extendido sus regulaciones AML/CFT existentes para cubrir los intercambios de criptomonedas y otros proveedores de servicios.

La Unión Europea, por ejemplo, ha implementado la Quinta Directiva contra el Lavado de Dinero (5AMLD), que requiere que los proveedores de servicios de criptomonedas registren a sus clientes y reporten actividades sospechosas. Similarmente, la Red de Ejecución de Delitos Financieros (FinCEN) de EE.UU. ha emitido directrices que clasifican a ciertos negocios de criptomonedas como "instituciones financieras" sujetas a las regulaciones del Banco de Secreto.

La protección del consumidor es otra área de enfoque regulatorio. La volatilidad extrema de los precios de las criptomonedas, junto con los numerosos casos de hacks y estafas, han llevado a los reguladores a preocuparse por la seguridad de los inversores minoristas. Algunos países han respondido con advertencias públicas sobre los riesgos de invertir en criptomonedas, mientras que otros han impuesto restricciones más severas.

En China, por ejemplo, las autoridades han prohibido las ICOs y han restringido severamente el trading de criptomonedas. En contraste, países como Suiza y Singapur han adoptado un enfoque más favorable, estableciendo marcos regulatorios diseñados para fomentar la innovación en el espacio cripto mientras mantienen salvaguardas adecuadas.

La tributación de las criptomonedas es otro desafío legal significativo. Muchos países están luchando para determinar cómo deben gravarse las ganancias de capital de las criptomonedas, las transacciones de criptomonedas y la minería de criptomonedas. La falta de claridad en esta área ha llevado a una considerable incertidumbre tanto para los usuarios de criptomonedas como para las autoridades fiscales.

El surgimiento de las finanzas descentralizadas (DeFi) ha añadido una nueva capa de complejidad a los desafíos regulatorios. Las plataformas DeFi, que ofrecen servicios financieros sin intermediarios centralizados, plantean preguntas fundamentales sobre cómo regular servicios financieros que no tienen una entidad central responsable.

La profesora de derecho de la Universidad de Stanford, Gina-Gail Fletcher, comenta: "El DeFi representa un desafío significativo para los reguladores. Nuestros marcos regulatorios actuales están diseñados para entidades centralizadas, pero ¿cómo regulamos protocolos descentralizados que existen puramente como código en una blockchain?"

Otro desafío legal importante es la privacidad de las transacciones. Mientras que algunas jurisdicciones están presionando por una mayor transparencia y trazabilidad en las transacciones de criptomonedas, esto entra en conflicto con las expectativas de privacidad de muchos usuarios y con las características de privacidad incorporadas en algunas criptomonedas.

A medida que el ecosistema de las criptomonedas continúa evolucionando, es probable que surjan nuevos desafíos legales y regulatorios. Por ejemplo, el creciente interés en las monedas digitales de los bancos centrales (CBDC) plantea preguntas sobre cómo estas se relacionarán con las criptomonedas privadas y qué nuevos marcos regulatorios podrían ser necesarios.

A pesar de estos desafíos, hay señales de que el panorama regulatorio está madurando gradualmente. Organizaciones internacionales como el Grupo de Acción Financiera Internacional (GAFI) están trabajando para desarrollar estándares globales para la regulación de las criptomonedas. Además, algunos países están desarrollando marcos regulatorios específicos para las criptomonedas, como la Ley de Mercados en Criptoactivos (MiCA) propuesta en la Unión Europea.

Sin embargo, lograr un equilibrio entre la protección del consumidor, la estabilidad financiera y la promoción de la innovación sigue siendo un desafío formidable. Los reguladores deben navegar por un paisaje tecnológico en rápida evolución, tratando de mantenerse al día con las innovaciones sin sofocar el potencial de esta tecnología transformadora.

En última instancia, el éxito de la regulación de las criptomonedas probablemente dependerá de la colaboración internacional y de la voluntad de los reguladores de adoptar enfoques innovadores y flexibles. A medida que las criptomonedas continúan integrándose en el sistema financiero global, la necesidad de marcos regulatorios claros, coherentes y efectivos se vuelve cada vez más crítica.

A medida que nos adentramos en el siguiente capítulo de nuestro libro, "Casos de Éxito en Latinoamérica", veremos cómo estos desafíos regulatorios y legales se han manifestado en un contexto regional específico. Examinaremos cómo los países latinoamericanos han abordado la regulación de las criptomonedas y cómo esto ha influido en la adopción y el desarrollo de proyectos blockchain en la región. Esta perspectiva nos permitirá comprender mejor cómo las realidades locales interactúan con las tendencias globales en el espacio de las criptomonedas y la tecnología blockchain.

Capítulo 8

Casos de Éxito en Latinoamérica

Proyectos innovadores de blockchain en la región

Latinoamérica ha emergido como un terreno fértil para la innovación blockchain, con una serie de proyectos que están redefiniendo la forma en que se abordan los desafíos regionales. Uno de los casos más notables es el de la plataforma LACChain, una iniciativa del Banco Interamericano de Desarrollo (BID) que busca desarrollar un ecosistema blockchain para América Latina y el Caribe. LACChain ha facilitado la creación de una infraestructura blockchain interoperable y escalable que permite a gobiernos, empresas y organizaciones implementar soluciones basadas en esta tecnología.

En Brasil, el Banco Nacional de Desarrollo Económico y Social (BNDES) ha lanzado BNDESToken, una criptomoneda respaldada por el real brasileño, diseñada para rastrear la distribución de fondos públicos. Este proyecto no solo aumenta la transparencia en el uso de recursos estatales, sino que también simplifica los procesos administrativos y reduce los costos operativos. La iniciativa ha sido elogiada por su potencial para combatir la corrupción y mejorar la eficiencia en la gestión de fondos públicos.

Argentina, por su parte, ha sido testigo del surgimiento de RSK (RootStock), una plataforma de contratos inteligentes que opera como una cadena lateral de Bitcoin. RSK permite la creación de aplicaciones descentralizadas (dApps) con la seguridad y estabilidad de la red Bitcoin, lo que ha atraído a desarrolladores y empresas interesados en construir soluciones blockchain más complejas. Este proyecto ha posicionado a Argentina como un hub de innovación blockchain en la región.

En México, el proyecto Blockchain HACKMX, impulsado por el gobierno federal, ha buscado implementar soluciones blockchain para mejorar los procesos de contratación pública. La iniciativa tiene como objetivo aumentar la transparencia y reducir la corrupción en las licitaciones gubernamentales, un problema persistente en muchos países latinoamericanos. Aunque aún se encuentra en fases iniciales, el proyecto ha generado gran expectativa por su potencial para transformar la administración pública.

Colombia no se ha quedado atrás en esta ola de innovación. La Bolsa de Valores de Colombia (BVC) ha implementado un sistema basado en blockchain para la emisión y negociación de pagarés digitales. Esta solución no solo ha agilizado los procesos de emisión y negociación de estos instrumentos financieros, sino que también ha aumentado la seguridad y trazabilidad de las transacciones. El éxito de este proyecto ha llevado a la BVC a considerar la expansión de la tecnología blockchain a otros segmentos del mercado de capitales.

Adaptación de la tecnología a contextos locales

La implementación de soluciones blockchain en Latinoamérica no ha sido simplemente una cuestión de importar tecnología desarrollada en otras regiones. Por el contrario, ha requerido una cuidadosa adaptación a los contextos locales, considerando las particularidades económicas, sociales y regulatorias de cada país.

En Venezuela, por ejemplo, la hiperinflación y la inestabilidad económica han llevado a la adopción de criptomonedas como una alternativa al bolívar. Aunque controvertido, el lanzamiento del Petro por parte del gobierno venezolano en 2018 fue un intento de crear una criptomoneda respaldada por las reservas de petróleo del país. Si bien el Petro no ha logrado el éxito esperado, su creación ha estimulado el debate sobre el papel de las criptomonedas en economías en crisis y ha impulsado la adopción de otras criptomonedas entre la población.

En Chile, la Comisión para el Mercado Financiero (CMF) ha trabajado en la implementación de una plataforma blockchain para el intercambio de información entre bancos y reguladores. Este proyecto, conocido como FI-HUB, busca mejorar la eficiencia y seguridad en el intercambio de datos financieros, adaptándose a las necesidades específicas del sistema financiero chileno y cumpliendo con las regulaciones locales.

Perú ha visto la adaptación de la tecnología blockchain al sector agrícola con el proyecto Chaccu, que utiliza esta tecnología para trazabilidad en la producción de fibra de alpaca. Esta iniciativa no solo ha mejorado la transparencia en la cadena de suministro, sino que también ha ayudado a los productores locales a obtener mejores precios por sus productos al poder certificar la calidad y origen de la fibra.

En Ecuador, la Universidad de las Américas (UDLA) ha implementado un sistema basado en blockchain para la emisión y verificación de títulos académicos. Esta solución se ha adaptado a las necesidades específicas del sistema educativo ecuatoriano, permitiendo una verificación rápida y segura de los títulos, lo que reduce la falsificación y agiliza los procesos de contratación.

La adaptación de la tecnología blockchain a contextos locales en Latinoamérica también ha implicado superar desafíos únicos. En muchos países de la región, la brecha digital sigue siendo un obstáculo significativo para la adopción masiva de tecnologías avanzadas. Para abordar este problema, varios proyectos han desarrollado interfaces de usuario simplificadas y soluciones que pueden funcionar con conectividad limitada.

Colaboraciones entre sector público y privado

El desarrollo y la implementación de soluciones blockchain en Latinoamérica han sido impulsados en gran medida por colaboraciones estratégicas entre el sector público y privado. Estas alianzas han permitido combinar la visión y los recursos del gobierno con la agilidad y la experiencia técnica del sector privado, dando lugar a proyectos innovadores y de gran impacto.

Un ejemplo destacado de esta colaboración es el proyecto Didi, una iniciativa de identidad digital descentralizada desarrollada en Argentina. Didi es el resultado de una asociación entre la ONG Bitcoin Argentina, la empresa tecnológica IOVlabs y el gobierno de la ciudad de Buenos Aires. El proyecto busca proporcionar a los ciudadanos una identidad digital autogestionada, que pueda utilizarse para acceder a servicios públicos y privados. Esta colaboración ha permitido combinar la infraestructura blockchain de IOVlabs con el alcance y la legitimidad del gobierno local, creando una solución que tiene el potencial de mejorar significativamente la inclusión digital y financiera en la ciudad.

En Brasil, el Banco Central ha lanzado el proyecto LIFT (Laboratorio de Innovaciones Financieras y Tecnológicas) en colaboración con empresas privadas y universidades. Este programa busca fomentar la innovación en el sector financiero, incluyendo el desarrollo de soluciones basadas en blockchain. A través de LIFT, el Banco Central ha podido explorar aplicaciones de blockchain en áreas como pagos transfronterizos y monedas digitales de banco central (CBDC), beneficiándose de la experiencia y los recursos del sector privado.

México ha sido testigo de una colaboración notable entre el gobierno federal y la empresa Bitso, una de las mayores plataformas de intercambio de criptomonedas en Latinoamérica. Juntos han trabajado en el desarrollo de regulaciones para el sector de criptoactivos, buscando un equilibrio entre la innovación y la protección del consumidor. Esta colaboración ha sido fundamental para establecer un marco regulatorio que fomente el crecimiento del ecosistema blockchain en el país.

En Colombia, el Ministerio de Tecnologías de la Información y las Comunicaciones (MinTIC) ha lanzado el programa 'Blockchain para Colombia' en colaboración con empresas privadas y universidades. Esta iniciativa busca promover el desarrollo y adopción de soluciones blockchain en diversos sectores de la economía colombiana. A través de este programa, el gobierno ha podido aprovechar la experiencia del sector privado para identificar casos de uso relevantes y desarrollar pilotos en áreas como la trazabilidad de la cadena de suministro y la gestión de identidades digitales.

Estas colaboraciones entre el sector público y privado no solo han acelerado el desarrollo y la implementación de soluciones blockchain en la región, sino que también han ayudado a crear un ecosistema más robusto y sostenible. Al combinar los recursos y la legitimidad del gobierno con la agilidad y la experiencia técnica del sector privado, estos proyectos han logrado superar muchos de los obstáculos que tradicionalmente han frenado la innovación tecnológica en Latinoamérica.

Perspectivas de crecimiento y adopción

El futuro del blockchain en Latinoamérica se presenta prometedor, con un creciente interés por parte de gobiernos, empresas y organizaciones en explorar y adoptar esta tecnología. Las perspectivas de crecimiento y adopción están impulsadas por varios factores clave que están convergiendo para crear un entorno favorable para la innovación blockchain en la región.

En primer lugar, la creciente conciencia sobre los beneficios potenciales del blockchain está llevando a más organizaciones a considerar seriamente su implementación. Según un informe de IDC, se espera que el gasto en soluciones blockchain en Latinoamérica crezca a una tasa anual compuesta del 48,7% entre 2020 y 2024, alcanzando los 1.000 millones de dólares al final de ese período. Este crecimiento estará impulsado principalmente por inversiones en los sectores financiero, de manufactura y de distribución.

El sector financiero, en particular, se perfila como uno de los principales impulsores de la adopción de blockchain en la región. Los bancos y las instituciones financieras están explorando activamente el uso de esta tecnología para mejorar la eficiencia de sus operaciones, reducir costos y ofrecer nuevos servicios a sus clientes. Por ejemplo, el banco Itaú Unibanco de Brasil ha estado trabajando en una plataforma blockchain para la sincronización de datos entre diferentes instituciones financieras, lo que podría revolucionar la forma en que se comparte la información en el sector.

Otro factor que está impulsando las perspectivas de crecimiento es el aumento de la inversión en startups blockchain en la región. Según datos de la Asociación Latinoamericana de Private Equity & Venture Capital (LAVCA), la inversión en startups de tecnología financiera, incluyendo aquellas centradas en blockchain, ha crecido significativamente en los últimos años. Este flujo de capital está permitiendo el surgimiento de nuevas empresas innovadoras que están desarrollando soluciones blockchain para abordar desafíos específicos de la región.

La adopción de blockchain también está siendo impulsada por la creciente necesidad de mejorar la transparencia y la eficiencia en los procesos gubernamentales. Varios países de la región están explorando el uso de blockchain para mejorar la gestión pública, desde la emisión de documentos de identidad hasta la gestión de registros de propiedad. Por ejemplo, el gobierno de Argentina ha anunciado planes para implementar un sistema de registro de propiedad basado en blockchain, lo que podría simplificar significativamente los procesos de compra y venta de propiedades.

Sin embargo, el camino hacia una adopción generalizada del blockchain en Latinoamérica no está exento de desafíos. La falta de marcos regulatorios claros en muchos países de la región sigue siendo un obstáculo importante para la implementación de soluciones blockchain a gran escala. No obstante, se están dando pasos positivos en este sentido. Países como México y Brasil han introducido legislaciones específicas para regular el uso de criptoactivos, lo que podría allanar el camino para una mayor adopción de tecnologías blockchain en general.

La educación y la capacitación también jugarán un papel crucial en la adopción futura del blockchain en la región. A medida que más organizaciones buscan implementar soluciones basadas en esta tecnología, la demanda de profesionales calificados en blockchain está aumentando. Varias universidades y centros de formación en la región están respondiendo a esta demanda lanzando programas específicos de blockchain, lo que ayudará a crear una fuerza laboral capacitada para impulsar la innovación en este campo.

En conclusión, las perspectivas de crecimiento y adopción del blockchain en Latinoamérica son alentadoras. La combinación de un creciente interés por parte de diversos sectores, el aumento de la inversión en startups blockchain, y los esfuerzos por parte de los gobiernos para explorar y regular esta tecnología, están creando un entorno propicio para la innovación. Si bien existen desafíos que superar, el potencial del blockchain para abordar problemas específicos de la región y impulsar el desarrollo económico sugiere que su adopción continuará creciendo en los próximos años.

A medida que avanzamos hacia el próximo capítulo, es importante considerar cómo las organizaciones pueden aprovechar estas tendencias y oportunidades para implementar soluciones blockchain de manera efectiva. La implementación exitosa de blockchain no solo requiere una comprensión técnica de la tecnología, sino también una cuidadosa planificación y gestión del cambio organizacional. En el siguiente capítulo, exploraremos en detalle los pasos clave para la implementación de blockchain en organizaciones, desde la evaluación inicial de necesidades hasta la gestión del cambio y la capacitación del personal.

Capítulo 9

Implementación de Blockchain en Organizaciones

Evaluación de necesidades y oportunidades

La implementación de la tecnología blockchain en una organización no es una tarea que deba tomarse a la ligera. Requiere una evaluación exhaustiva de las necesidades actuales de la empresa y las oportunidades que esta tecnología puede brindar. Este proceso inicial es crucial para determinar si la blockchain es realmente la solución adecuada para los desafíos que enfrenta la organización.

El primer paso en esta evaluación es identificar los problemas o ineficiencias existentes en los procesos actuales de la empresa. Estos pueden variar desde la falta de transparencia en la cadena de suministro hasta la dificultad para verificar la autenticidad de los documentos o la necesidad de mejorar la seguridad de los datos. Es importante que las organizaciones realicen un análisis detallado de sus operaciones para identificar áreas donde la blockchain podría aportar un valor significativo.

Una vez identificados los problemas, el siguiente paso es evaluar cómo la tecnología blockchain podría abordarlos. La blockchain ofrece características únicas como la inmutabilidad, la transparencia y la descentralización, que pueden ser especialmente útiles para ciertos tipos de desafíos empresariales. Por ejemplo, si una empresa está luchando con problemas de trazabilidad en su cadena de suministro, la capacidad de la blockchain para crear un registro inmutable y transparente de cada transacción podría ser una solución ideal.

Sin embargo, es crucial que las organizaciones no se dejen llevar por el entusiasmo de la tecnología y evalúen críticamente si la blockchain es realmente la mejor solución para sus necesidades específicas. Como señala Don Tapscott, autor de "Blockchain Revolution": "La blockchain es una tecnología extraordinaria, pero no es una panacea. Las organizaciones deben tener claro qué problemas están tratando de resolver y si la blockchain es realmente la mejor herramienta para hacerlo".

Además de evaluar las necesidades internas, las organizaciones también deben considerar las oportunidades externas que la implementación de blockchain podría crear. Esto podría incluir la posibilidad de desarrollar nuevos modelos de negocio, mejorar la colaboración con socios y proveedores, o incluso abrir nuevos mercados. Por ejemplo, una empresa de logística podría utilizar la blockchain no solo para mejorar su propia eficiencia operativa, sino también para ofrecer nuevos servicios de trazabilidad a sus clientes.

Es importante también considerar el panorama competitivo. ¿Están los competidores ya explorando o implementando soluciones blockchain? ¿Podría la adopción temprana de esta tecnología proporcionar una ventaja competitiva significativa? Estas son preguntas cruciales que las organizaciones deben plantearse durante la fase de evaluación.

Otro aspecto crucial a considerar es el impacto potencial en los clientes y socios comerciales. La implementación de blockchain a menudo requiere la colaboración de múltiples partes interesadas. Por lo tanto, es esencial evaluar la disposición y la capacidad de los socios comerciales y clientes para adoptar esta nueva tecnología. ¿Están preparados tecnológicamente? ¿Ven el valor en esta implementación? La respuesta a estas preguntas puede influir significativamente en el éxito de la implementación.

Por último, pero no menos importante, las organizaciones deben realizar un análisis costo-beneficio detallado. La implementación de blockchain puede requerir una inversión significativa en términos de tiempo, recursos y dinero. Es crucial evaluar si los beneficios potenciales justifican esta inversión. Esto implica no solo considerar los ahorros de costos directos, sino también los beneficios intangibles como la mejora en la confianza del cliente, la mayor eficiencia operativa y las nuevas oportunidades de negocio.

Selección de la plataforma adecuada

Una vez que una organización ha determinado que la blockchain es la solución adecuada para sus necesidades, el siguiente paso crucial es seleccionar la plataforma de blockchain más apropiada. Esta decisión puede tener un impacto significativo en el éxito de la implementación y en la capacidad de la organización para alcanzar sus objetivos.

Existen numerosas plataformas de blockchain disponibles en el mercado, cada una con sus propias características, ventajas y desventajas. Algunas de las más conocidas incluyen Ethereum, Hyperledger Fabric, Corda y Quorum. Cada una de estas plataformas está diseñada para abordar diferentes tipos de casos de uso y tiene sus propias fortalezas y limitaciones.

Ethereum, por ejemplo, es una plataforma de blockchain pública que es especialmente adecuada para aplicaciones descentralizadas (dApps) y contratos inteligentes. Su naturaleza abierta y su gran comunidad de desarrolladores la convierten en una opción popular para muchas organizaciones. Sin embargo, su escalabilidad y velocidad de transacción pueden ser limitadas en comparación con algunas alternativas más recientes.

Por otro lado, Hyperledger Fabric es una plataforma de blockchain privada y permisionada que ofrece mayor control y privacidad. Es particularmente adecuada para casos de uso empresariales donde la confidencialidad de los datos es una prioridad. Como señala Brian Behlendorf, Director Ejecutivo de Hyperledger: "Fabric está diseñado para ser modular y flexible, permitiendo a las empresas adaptar la plataforma a sus necesidades específicas".

Corda, desarrollada por R3, está diseñada específicamente para el sector financiero y ofrece características únicas para manejar transacciones complejas y cumplir con requisitos regulatorios. Quorum, una versión modificada de Ethereum desarrollada por JPMorgan Chase, combina la flexibilidad de Ethereum con características adicionales de privacidad y rendimiento.

La elección entre estas y otras plataformas dependerá de varios factores. En primer lugar, es crucial considerar el tipo de blockchain que mejor se adapta a las necesidades de la organización: pública, privada o híbrida. Las blockchains públicas ofrecen mayor transparencia y descentralización, pero pueden carecer de la privacidad y el control que algunas organizaciones requieren. Las blockchains privadas, por otro lado, ofrecen mayor control y privacidad, pero pueden sacrificar cierto grado de descentralización.

El rendimiento es otro factor crucial a considerar. Algunas plataformas pueden manejar un mayor número de transacciones por segundo, lo cual es esencial para aplicaciones que requieren un alto rendimiento. La escalabilidad también es importante, especialmente si se espera que la solución crezca significativamente con el tiempo.

La compatibilidad con los sistemas existentes es otro aspecto crítico. La plataforma elegida debe ser capaz de integrarse sin problemas con la infraestructura tecnológica existente de la organización. Esto puede incluir sistemas de gestión de bases de datos, aplicaciones empresariales y otros sistemas críticos.

El soporte para contratos inteligentes es otra consideración importante. Los contratos inteligentes son programas autoejecutable que se ejecutan en la blockchain y pueden automatizar muchos procesos empresariales. Algunas plataformas, como Ethereum, son conocidas por su robusto soporte para contratos inteligentes, mientras que otras pueden tener capacidades más limitadas en esta área.

La comunidad de desarrolladores y el ecosistema que rodea a cada plataforma también son factores a considerar. Una comunidad activa y un ecosistema robusto pueden proporcionar recursos valiosos, herramientas y soporte durante la implementación y el mantenimiento continuo.

Por último, pero no menos importante, es crucial considerar los costos asociados con cada plataforma. Esto incluye no solo los costos de licencia (si los hay), sino también los costos de implementación, mantenimiento y escalabilidad a largo plazo.

Es importante recordar que la elección de la plataforma no es una decisión que deba tomarse a la ligera o basarse únicamente en las tendencias actuales. Como advierte Vitalik Buterin, co-fundador de Ethereum: "No elijas una plataforma blockchain solo porque está de moda. Elige la que mejor se adapte a tus necesidades específicas y objetivos a largo plazo".

Pasos para la implementación exitosa

Una vez que se ha seleccionado la plataforma adecuada, el siguiente paso es la implementación real de la solución blockchain. Este proceso puede ser complejo y requiere una planificación cuidadosa y una ejecución meticulosa. A continuación, se detallan los pasos clave para una implementación exitosa de blockchain en una organización.

El primer paso es desarrollar un plan de implementación detallado. Este plan debe incluir un cronograma claro, hitos específicos, asignación de recursos y un presupuesto detallado. Es crucial ser realista en cuanto a los plazos y los recursos necesarios. La implementación de blockchain a menudo puede llevar más tiempo y recursos de lo inicialmente previsto, especialmente si la organización está implementando esta tecnología por primera vez.

Una parte crucial de este plan es la definición clara de los objetivos de la implementación. ¿Qué espera lograr la organización con esta solución blockchain? ¿Cómo se medirá el éxito? Establecer métricas claras y medibles desde el principio ayudará a guiar el proceso de implementación y permitirá evaluar su éxito una vez completado.

El siguiente paso es la creación de un equipo de implementación dedicado. Este equipo debe incluir una mezcla de habilidades técnicas y de negocio. Es crucial tener expertos en blockchain que entiendan los aspectos técnicos de la tecnología, pero también es importante incluir a personas que comprendan profundamente los procesos de negocio que se están transformando. Como señala Don Tapscott: "La implementación de blockchain no es solo un proyecto tecnológico, es una transformación de negocio habilitada por la tecnología".

Una vez que el equipo está en su lugar, el siguiente paso es el desarrollo y prueba de la solución blockchain. Esto generalmente comienza con la creación de un prototipo o prueba de concepto. Este enfoque permite a la organización probar la viabilidad de la solución a pequeña escala antes de comprometer recursos significativos para una implementación completa.

Durante esta fase de desarrollo, es crucial prestar atención a la seguridad. La blockchain puede ofrecer un alto nivel de seguridad, pero solo si se implementa correctamente. Esto incluye la gestión adecuada de claves privadas, la implementación de controles de acceso robustos y la realización de auditorías de seguridad regulares.

Una vez que el prototipo ha sido probado y refinado, el siguiente paso es la implementación piloto. Esta fase implica implementar la solución en un entorno de producción limitado, generalmente con un subconjunto de usuarios o procesos. Esta fase piloto permite a la organización identificar y abordar cualquier problema antes de un despliegue completo.

Durante la fase piloto, es crucial recopilar comentarios detallados de los usuarios y monitorear de cerca el rendimiento del sistema. ¿Está la solución cumpliendo con las expectativas? ¿Hay áreas que necesitan mejoras? Esta retroalimentación será invaluable para refinar la solución antes del despliegue completo.

Una vez que la fase piloto se ha completado con éxito y se han realizado los ajustes necesarios, el siguiente paso es el despliegue completo. Este es un proceso gradual que implica la migración de datos, la integración con sistemas existentes y la capacitación de usuarios en toda la organización.

Durante el despliegue, es crucial mantener una comunicación clara y constante con todas las partes interesadas. Esto incluye no solo a los usuarios internos, sino también a los socios comerciales y clientes que puedan verse afectados por la implementación. La transparencia sobre el proceso, los desafíos enfrentados y los beneficios esperados puede ayudar a generar apoyo y facilitar una transición más suave.

Es importante recordar que la implementación de blockchain no termina con el despliegue inicial. La tecnología blockchain está en constante evolución, y es crucial mantenerse al día con los últimos desarrollos y mejores prácticas. Esto puede implicar actualizaciones regulares del sistema, la incorporación de nuevas funcionalidades y la optimización continua del rendimiento.

Finalmente, es crucial medir y evaluar regularmente el impacto de la implementación. ¿Se están alcanzando los objetivos establecidos al inicio del proyecto? ¿Cuál es el retorno de la inversión? Esta evaluación continua permitirá a la organización ajustar su estrategia según sea necesario y maximizar el valor de su inversión en blockchain.

Gestión del cambio y capacitación del personal

La implementación exitosa de blockchain en una organización no se trata solo de tecnología; también implica un cambio significativo en la forma en que las personas trabajan y piensan. Por lo tanto, la gestión del cambio y la capacitación del personal son componentes críticos de cualquier implementación de blockchain.

La gestión del cambio es el proceso de preparar y apoyar a los individuos, equipos y organizaciones en la realización de cambios organizacionales. En el contexto de una implementación de blockchain, esto implica ayudar a los empleados a comprender por qué se está implementando la tecnología, cómo afectará su trabajo y qué beneficios traerá a la organización.

Uno de los primeros pasos en la gestión del cambio es crear conciencia y comprensión sobre la tecnología blockchain. Muchos empleados pueden tener ideas preconcebidas o malentendidos sobre blockchain, a menudo asociándola únicamente con criptomonedas. Es crucial educar a los empleados sobre qué es realmente la blockchain, cómo funciona y por qué es relevante para la organización.

Esta educación debe ir más allá de los aspectos técnicos e incluir una explicación clara de los beneficios empresariales de la implementación. Como señala Melanie Swan, autora de "Blockchain: Blueprint for a New Economy": "La blockchain no es solo una tecnología, es una nueva forma de pensar sobre la confianza, la transparencia y la colaboración en los negocios".

Una parte crucial de la gestión del cambio es abordar las preocupaciones y resistencias que puedan surgir. Algunos empleados pueden temer que la tecnología blockchain haga obsoletos sus trabajos o cambie significativamente sus roles. Es importante abordar estas preocupaciones de frente, proporcionando información clara sobre cómo evolucionarán los roles y responsabilidades, y qué oportunidades de crecimiento y desarrollo pueden surgir con la nueva tecnología.

La comunicación continua y transparente es clave en este proceso. Esto puede incluir reuniones regulares de todo el personal, boletines informativos, sesiones de preguntas y respuestas, y otros canales de comunicación. Es importante no solo comunicar los aspectos positivos, sino también ser honesto sobre los desafíos y obstáculos que se pueden encontrar durante la implementación.

Junto con la gestión del cambio, la capacitación del personal es un componente crítico de una implementación exitosa de blockchain. Esta capacitación debe ser integral y adaptada a las necesidades específicas de diferentes grupos dentro de la organización.

Para el personal técnico, la capacitación puede necesitar ser bastante profunda, cubriendo aspectos como la arquitectura de blockchain, la programación de contratos inteligentes y las mejores prácticas de seguridad. Para los usuarios finales, la capacitación puede centrarse más en cómo interactuar con la nueva solución blockchain en sus tareas diarias.

Es importante recordar que la capacitación no debe ser un evento único, sino un proceso continuo. La tecnología blockchain está evolucionando rápidamente, y es crucial mantener al personal actualizado con los últimos desarrollos y mejores prácticas.

Además de la capacitación formal, muchas organizaciones han encontrado valor en establecer "campeones de blockchain" dentro de la organización. Estos son empleados que tienen un conocimiento más profundo de la tecnología y pueden actuar como recursos y mentores para sus colegas. Estos campeones pueden ayudar a impulsar la adopción y proporcionar apoyo continuo después de la implementación inicial.

Otra estrategia efectiva es la creación de comunidades de práctica dentro de la organización. Estas son grupos de empleados que se reúnen regularmente para compartir conocimientos, discutir desafíos y explorar nuevas aplicaciones de la tecnología blockchain. Estas comunidades pueden ser una fuente valiosa de innovación y mejora continua.

Es crucial también considerar el impacto de la implementación de blockchain en la cultura organizacional. La blockchain, con sus principios de transparencia y descentralización, puede requerir un cambio en la forma en que la organización opera y toma decisiones. Esto puede implicar un movimiento hacia estructuras más planas y procesos de toma de decisiones más colaborativos.

Finalmente, es importante reconocer y celebrar los éxitos a lo largo del camino. La implementación de blockchain es un viaje, y celebrar los hitos alcanzados puede ayudar a mantener el impulso y el entusiasmo. Esto puede incluir reconocer a los empleados que han adoptado con éxito la nueva tecnología o compartir historias de cómo la blockchain está mejorando los procesos y resultados empresariales.

Como concluye Don Tapscott: "La implementación de blockchain no se trata solo de tecnología, se trata de personas. El éxito depende de nuestra capacidad para preparar y capacitar a nuestro personal para aprovechar al máximo esta poderosa tecnología".

La implementación de blockchain en una organización es un proceso complejo que requiere una cuidadosa planificación y ejecución. Desde la evaluación inicial de las necesidades y oportunidades hasta la selección de la plataforma adecuada, la implementación técnica y la gestión del cambio organizacional, cada paso es crucial para el éxito.

A medida que avanzamos hacia el próximo capítulo, exploraremos el futuro del blockchain y la innovación digital. Veremos cómo esta tecnología continuará evolucionando y transformando industrias, y cómo las organizaciones pueden posicionarse para aprovechar estas oportunidades emergentes. La implementación de blockchain que hemos discutido en este capítulo es solo el comienzo de un viaje hacia un futuro digital más transparente, eficiente y colaborativo.

Capítulo 10

El Futuro del Blockchain y la Innovación Digital

La tecnología blockchain ha recorrido un largo camino desde su concepción como el sistema subyacente de Bitcoin. A medida que avanzamos hacia un futuro cada vez más digital, el blockchain está destinado a desempeñar un papel crucial en la configuración de nuestras interacciones tecnológicas, económicas y sociales. Este capítulo explora las tendencias emergentes en la tecnología blockchain, su integración con otras tecnologías innovadoras, el impacto en los modelos de negocio y las estructuras organizativas, así como los desafíos éticos y sociales que surgen de su adopción generalizada.

Tendencias emergentes en tecnología blockchain

El panorama del blockchain está en constante evolución, con nuevas tendencias que emergen continuamente para abordar las limitaciones actuales y expandir sus capacidades. Una de las tendencias más significativas es el desarrollo de soluciones de escalabilidad. A medida que más usuarios y aplicaciones se unen a las redes blockchain, la necesidad de procesar un mayor número de transacciones por segundo se vuelve crítica. Las soluciones de capa 2, como las redes Lightning para Bitcoin y las rollups para Ethereum, están ganando tracción como formas de descongestionar las cadenas principales y permitir transacciones más rápidas y económicas.

Otra tendencia emergente es la interoperabilidad entre diferentes cadenas de bloques. Proyectos como Polkadot y

Cosmos están trabajando para crear un "internet de blockchains", donde diferentes redes pueden comunicarse e intercambiar valor de manera fluida. Esto podría conducir a un ecosistema blockchain más unificado y eficiente, eliminando los silos que actualmente existen entre diferentes plataformas.

La privacidad y la confidencialidad en las transacciones blockchain también están recibiendo una atención significativa. Mientras que la transparencia ha sido durante mucho tiempo una característica clave de las blockchains públicas, existe una creciente demanda de soluciones que puedan ofrecer transacciones privadas cuando sea necesario. Tecnologías como las pruebas de conocimiento cero (zero-knowledge proofs) están siendo implementadas para permitir la verificación de transacciones sin revelar los detalles subyacentes.

El concepto de Finanzas Descentralizadas (DeFi) continúa evolucionando, con nuevos protocolos y aplicaciones que surgen para replicar y mejorar los servicios financieros tradicionales. Desde préstamos y seguros hasta derivados y gestión de activos, DeFi está desafiando la noción de intermediación financiera y proporcionando acceso a servicios financieros a poblaciones previamente desatendidas.

La gobernanza descentralizada es otra área de innovación activa. Las Organizaciones Autónomas Descentralizadas (DAOs) están ganando prominencia como una forma de coordinar actividades y tomar decisiones de manera descentralizada. Estas entidades basadas en blockchain pueden representar el futuro de la organización corporativa, permitiendo una participación más directa de los stakeholders en la toma de decisiones.

En el ámbito de la sostenibilidad, hay un creciente interés en desarrollar mecanismos de consenso más eficientes energéticamente. El cambio de Ethereum de Prueba de Trabajo (PoW) a Prueba de Participación (PoS) es un ejemplo destacado de esta tendencia. Además, están surgiendo proyectos que utilizan blockchain para rastrear y verificar créditos de carbono, promoviendo así prácticas comerciales más sostenibles.

La tokenización de activos del mundo real está ganando impulso, con potencial para revolucionar la propiedad y el comercio de bienes raíces, obras de arte, y otros activos tradicionalmente ilíquidos. Esta tendencia podría democratizar el acceso a clases de activos previamente restringidas y crear nuevos mercados globales.

Integración con otras tecnologías (IA, IoT, 5G)

El verdadero potencial del blockchain se realizará plenamente cuando se integre con otras tecnologías emergentes. La convergencia de blockchain con Inteligencia Artificial (IA), Internet de las Cosas (IoT) y redes 5G promete crear ecosistemas tecnológicos altamente sofisticados y eficientes.

La integración de blockchain e IA tiene el potencial de revolucionar la forma en que procesamos y analizamos datos. Por un lado, el blockchain puede proporcionar a los sistemas de IA conjuntos de datos inmutables y verificables, mejorando la confiabilidad de los modelos de IA. Por otro lado, la IA puede optimizar las operaciones de las redes blockchain, mejorando la eficiencia energética, la seguridad y la escalabilidad. Imaginemos un futuro donde los contratos inteligentes basados en blockchain se autooptimicen utilizando algoritmos de aprendizaje automático, o donde las decisiones de las DAOs sean asistidas por sistemas de IA para un procesamiento más eficiente de grandes cantidades de datos.

La combinación de blockchain e IoT presenta oportunidades igualmente emocionantes. El blockchain puede proporcionar una capa de seguridad y confianza para las redes de dispositivos IoT, que a menudo son vulnerables a ataques. Además, puede facilitar transacciones autónomas entre dispositivos IoT, creando una verdadera "economía de las máquinas". Por ejemplo, un coche autónomo podría negociar y pagar automáticamente por su propio mantenimiento, combustible o carga eléctrica, utilizando contratos inteligentes basados en blockchain.

La implementación de redes 5G complementará perfectamente estas integraciones al proporcionar la infraestructura de comunicación de alta velocidad y baja latencia necesaria para el funcionamiento eficiente de sistemas blockchain-IA-IoT. La velocidad y capacidad del 5G permitirán el procesamiento en tiempo real de grandes volúmenes de datos generados por dispositivos IoT, mientras que el blockchain garantizará la integridad y seguridad de estos datos.

Un ejemplo concreto de esta convergencia tecnológica podría ser en el contexto de las ciudades inteligentes. Imaginemos una ciudad donde los semáforos, cámaras de seguridad y sensores ambientales (IoT) recopilan datos en tiempo real. Estos datos se transmiten instantáneamente a través de redes 5G a sistemas de IA que analizan patrones de tráfico, niveles de contaminación y actividades sospechosas. Las decisiones tomadas por la IA (como ajustar los tiempos de los semáforos o desplegar unidades de emergencia) se registran de forma inmutable en una blockchain, garantizando transparencia y responsabilidad. Los ciudadanos podrían acceder a estos registros para entender y, potencialmente, participar en la gobernanza de su ciudad.

Impacto en modelos de negocio y estructuras organizativas

La adopción generalizada del blockchain tiene el potencial de transformar fundamentalmente la forma en que las organizaciones operan y crean valor. Los modelos de negocio tradicionales, basados en la centralización y la intermediación, están siendo desafiados por nuevos paradigmas que aprovechan la naturaleza descentralizada y transparente del blockchain.

Uno de los impactos más significativos se observa en la desintermediación de varios sectores. Las instituciones financieras tradicionales, por ejemplo, están viendo cómo las plataformas DeFi ofrecen servicios similares sin la necesidad de intermediarios. Esto está obligando a los bancos y otras instituciones financieras a repensar sus modelos de negocio y buscar formas de agregar valor en un ecosistema cada vez más descentralizado.

El concepto de "empresa sin fronteras" está ganando terreno, donde las organizaciones pueden operar de manera verdaderamente global y sin fricciones gracias a la infraestructura blockchain. Esto podría llevar a una redefinición de lo que constituye una empresa, con estructuras más fluidas y colaborativas reemplazando las jerarquías tradicionales.

Las DAOs representan quizás el cambio más radical en las estructuras organizativas. Estas entidades totalmente digitales y autónomas operan según reglas codificadas en contratos inteligentes, permitiendo una forma de gobierno corporativo completamente nueva. Imagine una empresa donde todas las decisiones importantes se toman a través de votaciones de los stakeholders, y donde la ejecución de estas decisiones es automática e inmutable.

La tokenización de activos y la creación de nuevas formas de valor digital están dando lugar a modelos de negocio completamente nuevos. Las empresas pueden ahora "tokenizar" casi cualquier cosa, desde la propiedad intelectual hasta la lealtad del cliente, creando nuevas formas de monetización y engagement. Por ejemplo, una banda de música podría emitir "tokens de fan" que dan a los poseedores acceso exclusivo a contenido y experiencias, creando así una economía circular alrededor de su marca.

El blockchain también está facilitando la creación de mercados más eficientes y transparentes. En industrias como la energía, estamos viendo el surgimiento de redes de microredes donde los consumidores pueden comprar y vender energía directamente entre sí, desafiando el modelo centralizado de las empresas de servicios públicos.

La trazabilidad y la transparencia que ofrece el blockchain están llevando a las empresas a adoptar prácticas más éticas y sostenibles. Las cadenas de suministro basadas en blockchain permiten a las empresas demostrar de manera verificable el origen y la calidad de sus productos, respondiendo a la creciente demanda de los consumidores por prácticas comerciales responsables.

En el sector público, el blockchain tiene el potencial de transformar la forma en que los gobiernos interactúan con los ciudadanos. Desde la prestación de servicios públicos hasta la gestión de identidades digitales, el blockchain podría facilitar una administración pública más eficiente y transparente.

Desafíos éticos y sociales de la adopción masiva

A medida que el blockchain se integra más profundamente en nuestros sistemas económicos y sociales, surgen importantes desafíos éticos y sociales que deben ser abordados. La adopción masiva de esta tecnología tiene el potencial de remodelar fundamentalmente las estructuras de poder existentes y las relaciones sociales, planteando preguntas cruciales sobre equidad, privacidad y responsabilidad.

Uno de los desafíos más apremiantes es el de la brecha digital. Mientras que el blockchain tiene el potencial de democratizar el acceso a servicios financieros y otros recursos, también existe el riesgo de que amplíe las desigualdades existentes. Aquellos que carecen de acceso a tecnología o conocimientos digitales podrían quedarse atrás en una economía cada vez más basada en blockchain. Es crucial desarrollar estrategias para garantizar una adopción inclusiva y equitativa de esta tecnología.

La privacidad es otra área de preocupación ética. Aunque el blockchain ofrece un alto grado de seguridad, la naturaleza inmutable y transparente de muchas blockchains públicas plantea preguntas sobre el derecho al olvido y la protección de datos personales. ¿Cómo equilibramos la necesidad de transparencia con el derecho a la privacidad individual? Este es un dilema que los desarrolladores y reguladores deberán abordar a medida que la tecnología se generaliza.

La gobernanza de los sistemas blockchain presenta otro conjunto de desafíos éticos. En un sistema verdaderamente descentralizado, ¿quién es responsable cuando las cosas salen mal? La falta de un punto central de control puede hacer difícil asignar responsabilidad en caso de errores o actividades maliciosas. Además, la naturaleza global de muchas redes blockchain plantea preguntas sobre qué leyes y regulaciones deben aplicarse.

El impacto ambiental de algunas tecnologías blockchain, particularmente aquellas que utilizan mecanismos de consenso de Prueba de Trabajo, ha sido objeto de intenso debate. Aunque se están desarrollando alternativas más eficientes energéticamente, el sector debe abordar activamente estas preocupaciones para garantizar un futuro sostenible.

La tokenización y la financiarización de diversos aspectos de nuestras vidas plantean preguntas éticas sobre los límites de lo que debería ser comercializable. ¿Deberíamos permitir la tokenización de todo, desde el tiempo personal hasta las relaciones sociales? Estas son preguntas que la sociedad deberá grapear a medida que la tecnología avanza.

El potencial del blockchain para crear sistemas financieros y de gobierno más transparentes y eficientes también conlleva el riesgo de una vigilancia excesiva. ¿Cómo podemos aprovechar los beneficios de la transparencia sin crear un estado de vigilancia omnipresente?

La automatización facilitada por los contratos inteligentes y las DAOs plantea preguntas sobre el futuro del trabajo y la toma de decisiones humanas. ¿Qué implicaciones tiene la delegación de decisiones importantes a sistemas automatizados? ¿Cómo equilibramos la eficiencia con la necesidad de juicio y empatía humanos?

Finalmente, existe el desafío de la educación y la comprensión pública. Para que el blockchain sea adoptado y utilizado de manera responsable, es crucial que el público en general comprenda sus principios básicos y sus implicaciones. Esto requiere un esfuerzo concertado en educación y divulgación.

A medida que avanzamos hacia un futuro impulsado por el blockchain, es imperativo que abordemos estos desafíos de manera proactiva. Esto requerirá una colaboración estrecha entre desarrolladores, reguladores, académicos y la sociedad civil para crear marcos éticos y regulatorios que maximicen los beneficios del blockchain mientras mitigan sus riesgos potenciales.

El futuro del blockchain y la innovación digital es brillante y lleno de posibilidades. Desde la creación de sistemas financieros más inclusivos hasta la facilitación de cadenas de suministro más transparentes y la habilitación de nuevas formas de organización y gobernanza, el potencial de esta tecnología para transformar nuestro mundo es inmenso.

Sin embargo, con gran poder viene gran responsabilidad. A medida que avanzamos hacia este futuro, debemos mantener un enfoque equilibrado, aprovechando el potencial transformador del blockchain mientras abordamos cuidadosamente los desafíos éticos y sociales que surgen. Solo a través de una adopción reflexiva y responsable podremos aprovechar plenamente el potencial del blockchain para crear un futuro más justo, eficiente y sostenible para todos.

En el próximo capítulo, exploraremos cómo las organizaciones pueden prepararse para este futuro impulsado por el blockchain, examinando estrategias para la adopción e implementación exitosa de esta tecnología transformadora.

Conclusión

A lo largo de este libro, hemos explorado cómo el blockchain está transformando diversos sectores más allá de las criptomonedas. Desde la salud hasta la educación, pasando por la logística y el gobierno, esta tecnología está impulsando la innovación y mejorando la eficiencia en múltiples áreas. Hemos visto cómo la descentralización, la inmutabilidad y el consenso ofrecen nuevas posibilidades para la gestión de datos, la transparencia y la confianza en las transacciones digitales.

El impacto del blockchain en Latinoamérica demuestra su potencial para abordar desafíos específicos de la región. Los casos de éxito analizados revelan cómo esta tecnología puede adaptarse a contextos locales y fomentar la colaboración entre el sector público y privado. La implementación del blockchain en organizaciones requiere una cuidadosa planificación y gestión del cambio, pero los beneficios potenciales son significativos.

Mientras avanzamos hacia un futuro cada vez más digital, el blockchain se posiciona como una herramienta fundamental para la innovación. Su integración con otras tecnologías emergentes como la inteligencia artificial, el Internet de las Cosas y las redes 5G promete impulsar nuevos modelos de negocio y transformar las estructuras organizativas tradicionales. Sin embargo, es crucial abordar los desafíos éticos y sociales que surgen con la adopción masiva de esta tecnología.

El blockchain ha demostrado ser mucho más que la base de las criptomonedas. Es un catalizador de cambio en la era digital, ofreciendo soluciones innovadoras a problemas complejos en diversos sectores. A medida que continuamos explorando y desarrollando esta tecnología, es fundamental mantener un enfoque equilibrado, considerando tanto sus beneficios como sus posibles riesgos. El futuro del blockchain es prometedor, y su potencial para revolucionar la forma en que interactuamos, trabajamos y creamos valor en el mundo digital apenas comienza a desplegarse.

www.ingramcontent.com/pod-product-compliance
Lightning Source LLC
Chambersburg PA
CBHW052205220526
45471CB00004B/1821